南京大学人文社会科学高研院励学文丛（23）

Critique and Dialogue Across Boundaries

跨越疆界的批评与对话

——南京大学高研院名家访谈录

何成洲 / 主编

生活·讀書·新知 三联书店

图书在版编目(CIP)数据

跨越疆界的批评与对话：南京大学高研院名家访谈录/何成洲主编.—北京：生活·读书·新知三联书店，2016.10
ISBN 978-7-108-05790-7

Ⅰ.①跨…　Ⅱ.①何…　Ⅲ.①社会科学—文集　Ⅳ.①C53

中国版本图书馆 CIP 数据核字(2016)第 191652 号

责任编辑　王秦伟　刁俊娅
封面设计　陈乃馨
责任印制　黄雪明
出版发行　生活·讀書·新知　三联书店
（北京市东城区美术馆东街 22 号）
邮　　编　100010
印　　刷　常熟文化印刷有限公司
版　　次　2016 年 10 月第 1 版
2016 年 10 月第 1 次印刷
开　　本　720 毫米×1020 毫米　1/16　印张　11.5
字　　数　183 千字
定　　价　38.00 元

序

“所谓大学者，非谓有大楼之谓也，有大师之谓也。”这里的“大师”主要是指在某所大学任教的学界翘楚。但是在当下学术交流日益频繁的全球化时代，邀请海内外的各路精英和大师前来讲学实乃一流大学国际化的主要特色之一。这些杰出人士将不同学科的前沿话题、国际和国内学术界的最新动态等带入校园，莘莘学子一面聚精会神地聆听，一面提出各式各样的问题，在与一流学者们的交流对话中体会知识的无穷魅力，追寻学术发展的轨迹。而这些来自五湖四海的演讲嘉宾，也收获了分享知识的喜悦和被尊重与被欣赏的快意。与此同时，一流大学的听众们的现场反应和提问也往往会引发演讲人的反思，最终，他们会怀着对于这所大学的好感和敬意，在世界各地的校园里讲述关于这所大学的美好印象。对于这所大学而言，这种经由大师之口传递的美誉比任何一种宣传都更加深入人心和持久稳固。

南京大学一直是国际学术交流最为活跃的中国大学之一，率先于2005年成立了人文社会科学高级研究院（以下简称高研院）。成立伊始，高研院在校内文科院系招聘短期（一年）驻院学者，包括我在内的首批驻院学者分别来自欧美文学、社会学、新闻传播、图书出版与信息学等不同学科。当时我们在高研院的一项工作便是在周宪院长的领导和统一安排下接待来访的国内外学者，组织他们的讲座和座谈等学术活动。可能由于我来自英语专业，加上在国外学习和工作过一些年，因此有机会接待了不少来自国外的学者。在主持他们的讲座之余，我也私下同他们就学术问题进行交流。作为客人，这些学者尽管在学界闻名遐迩，但还是非常耐心地回答我提出的问题。2007年，我受周院长的邀请担任研究院的院长助理；而后在2009年担任副院长；直至2013年初，我调到南京大学-约翰斯·霍普金斯大学中美文化研究中心担任中方主任。在高研院工作期间，我开始有意识地与一些知名学者做一些访谈，渐渐发现访谈能够更深入全面地了解他们的学术观点，尤其是他们的研究心得。而且如果准备充分，这些访谈往往能够触及一些核心的学术话题，不仅对我本人有教益，对于学界同仁和感兴趣的青年学子也颇具启发性。我曾试着将一些访谈认真梳理和修改，投给国内的学术刊物，发现效果出人意料的好。

本书收集的访谈文章仅仅是近些年来高研院与外来学者访谈的一部分。绝大多数是编者本人与学者们的访谈，也收集了其他高研院同仁的访谈。我对于他们给予的支持表示感谢！我尤其要感谢那些接受访谈的国内外学者，他们尽管都是成就斐然的大家，但还是非常乐于倾听和交流。对于我个人而言，每一次访谈都是一个学习的机会。我设计的问题多种多样：既闲谈学术圈里的一些趣事，也探究当代重要理论思想的来龙去脉；既关注他们学术思想中的一些重大命题，也涉及学界的有关争论；既探讨理论的普适性，也讨论理论的旅行以及跨文化的变异等。他们对于重大理论问题的独特见解和精准表达以及个性化的风格令我印象深刻。托莉·莫伊外表时尚，思考问题却非常严肃，表达观点时反复斟酌；乔纳森·卡勒学识渊博，谦虚诚恳，讲话非常严谨，不愧为当代美国有代表性的文学理论家；谢尔·埃斯普马克幽默风趣，考虑周到，既有诗人的激情，也不乏理性的思考，更兼有务实的态度，难怪担任过诺贝尔文学奖评委会主席十八年……访谈不仅在精神层面产生共鸣，也拉近了我们之间的距离，我有幸与他们中的很多位保持着联系和沟通。比如埃斯普马克先生就在2012年代表瑞典学院邀请我参加莫言的诺贝尔奖获奖演说等一系列活动，还安排我在他家中和其他几位瑞典皇家学院院士小聚。通过访谈，我不仅拓宽了自己的知识面，获得了学术思想和方法上的启迪，也收获了弥足珍贵的友情。

在本书编写过程中，高研院的周宪院长一直给我鼓励和指导。从丛副院长也非常关心本书的编写，并在协调出版过程中起到重要作用。陈蕴茜老师是我在高研院多年的同事，曾经给过我很多支持和帮助，她的人品和学问受到所有人的称赞，这一点我是有深刻体会的。我还要感谢马敬、陈勇等在高研院默默奉献的同事和朋友们。另外，我指导的博士生郝志琴、王雪颖、徐晓妮等人在编辑和校对过程中协助过我的工作。

本书的出版适逢南京大学人文社会科学高级研究院成立十周年，它记录了高研院一步一个脚印走过的辉煌岁月。作为高研院诞生、成长的参与者和见证人之一，我感到非常幸运，同时也对高研院的设计者和开创者们表示敬佩和由衷的谢意！

何成洲

目 录

“戏剧改编”教授沙龙[①]

近十年来，跨文化戏剧演出研究在国际戏剧理论界引起较大的反响，帕特里斯·帕维(Patrice Pavis)、艾利卡·费舍尔-李希特(Erika Fischer-Lichte)和朱莉·霍里琦(Julie Holledg)等编写出版了一系列的学术著作，讨论跨文化戏剧表演的诸多问题。在《跨文化表演读本》一书中，帕特里斯·帕维讨论了众多的跨文化表演个案，不仅包括彼得·布鲁克(Peter Brook)改编的印度史诗，而且有日本导演铃木忠志用日本传统戏剧形式改编的莎士比亚戏剧和希腊悲剧。费舍尔-李希特和霍里琦等人在他们的跨文化戏剧研究中也谈到中国的戏剧改编，但是由于不了解中国的社会文化背景以及中国话剧和戏曲的艺术特点，他们的观点往往不够全面，讨论没有深入展开。对于跨文化戏剧演出及其理论建构上的西方中心主义，印度学者拉斯顿·巴鲁卡(Rustom Bharucha)提出了尖锐的批评，引起了学界的争议。

在中国，西方戏剧的改编和演出不仅具有悠久的历史、多样的演出形式，而且在近年来又有了新的变化。但是这方面的研究，尤其理论上的探讨，比较少见。南京大学具有戏剧研究的优良传统，话剧、戏曲、外国戏剧和演出

---

① 原载于《艺术百家》2009年第2期(总第107期)；何成洲主编：《全球化与跨文化戏剧》，南京：南京大学出版社，2012年，第163—174页。

研究皆有着深厚的底蕴和特色。2008年4月，恰逢台湾大学知名戏剧专家彭镜禧教授来南京大学高研院访问讲学，特邀请一批从事中外戏剧研究的学者就“戏剧改编”的话题举办了教授沙龙。

参加者：

彭镜禧： 台湾大学戏剧系及外语系特聘教授，著名莎士比亚研究专家

刘海平： 南京大学外国语学院英语系教授，主要从事尤金·奥尼尔研究及中美文化交流研究

吕效平： 南京大学文学院戏剧系主任及教授，主要从事戏剧理论研究

从　丛： 南京大学外国语学院英语系教授，主要从事莎士比亚和尤金·奥尼尔戏剧研究

张　瑛： 南京大学外国语学院英语系博士，主要从事莎士比亚戏剧作品的电影改编研究

朱雪峰： 南京大学外国语学院英语系博士，主要从事戏剧改编研究

傅　俊： 南京师范大学外国语学院教授，主要研究从事英美文学、加拿大文学与文化研究

舒笑梅： 南京师范大学副教授，主要从事英美戏剧研究

何成洲： 南京大学外国语学院教授，主要从事易卜生研究和比较戏剧研究

一、戏剧改编的普遍状况

何成洲： 戏剧改编是大家比较感兴趣的一个话题。南京大学外国语学院的英语系和文学院的戏剧系都有比较悠久的改编戏剧和演剧的历史。我想这也是今天有这么多同学和老师参加这个“戏剧改编”教授沙龙的原因。今晚我们的话题是戏剧改编。既然各位老师对这个话题已有研究，那么我想首先请在座的每一位简要地介绍一下你所了解的关于戏剧改编的情况。我们就先从彭老师开始。

彭镜禧：我很高兴能有机会跟大家交流关于戏剧改编的问题。我想向各位简单地介绍一下在台湾开展莎士比亚戏剧改编的一些状况。在台湾，戏剧改编颇为盛行。目前的状况是原创的作品比较少，改编西洋的作品比较多，莎士比亚是其中的一个大宗。以莎士比亚为例，我想改编者多半都是利用莎士比亚。如果改编莎士比亚的作品，就不需要多少宣传费，人们会冲着莎士比亚的大名来看戏。在改编的剧种方面，有话剧、实验剧、歌剧、歌舞剧，还有各种传统戏曲，如京戏、黄梅戏等等。最常被改编的莎士比亚作品是《李尔王》《暴风雨》《哈姆雷特》《罗密欧与朱丽叶》《奥赛罗》《亨利四世》和《威尼斯商人》。无论是在校园里，还是在剧院里，这些作品都很流行。然而，看戏的人往往觉得并没有从改编的作品中看出"莎味"，这其中就牵涉到改编与创作之间的问题。首先，将莎剧翻译过来再改编，这肯定要涉及跨文化的问题，怎么去看待原剧的历史、传统、思想、行为和时代？比如说时代的问题。现在排剧我们喜欢用科技，如果不用科技，就被认为是一种落后。在改编中，科技手段对文本的影响，或文本对科技手段运用的影响，以及两者互为影响的关系如何协调，就要看导演和制作人的工艺以及他们对文本的理解程度了。此外，我认为选择的剧种在很大程度上决定了改编能包含多少"莎味"。比如说用传统剧种改编莎剧可能只能容纳原剧的五分之一到五分之二，这就要看改编者或导演认为哪些东西是需要保留的，哪些东西是需要淘汰的。在我看来，台湾对莎剧的改编多半没有抓住莎剧的精华，但其中比较特殊的例子是吴兴国改编的《欲望城国》和《暴风雨》，他抓住了莎剧中的精彩内容，将矛盾冲突转换成传统京戏，是比较成功的改编的例子。

刘海平：我自己没有改编过戏剧，但是接触过许多戏剧改编的东西。我接触到的改编基本都是跨文化的改编。1988 年南京大学在奥尼尔百年诞辰之前主办了一次国际会议。之后，上海又举办了奥尼尔戏剧节，改编了奥尼尔的好几部剧。其中改编较大的是《哀悼》和我自己翻译的奥尼尔的剧作《休伊》《马克百万》。改编主要考虑到原剧的背景要与中国背景相似，比如《休伊》的背景纽约就与上海非常相似，《马克百万》中的马可波罗的故事也与中国背景相关。我们在南京主要改编了奥尼尔的《天边外》和《长夜漫漫路迢迢》，对原剧本进行了比较大的改动。我想讲讲为什么要这样改编。《天边外》的场景被改成苏州，舞台上的道具都是苏南风格，布景也完全中国化，外国角色的名字都改成中国名字。我想如此改编是为了拉近与观众的距离，引起中国观众的认同，也向外国专家和学者展示中国文化。另一部改编得比较成功的剧是将奥尼尔的《琼斯皇》改编成一个造型剧，主要通过舞蹈和形体来向观众传达意思。这个改编在当时中外观众中反响较好，因为使用的是舞蹈的语言，很容易让中外观众理解和认同。通过这些改编剧目，我们看到关于戏剧改编有很多问题需要讨论：观众是谁？改编要向观众传达什么东西？怎样才能引起观众的共鸣？通过什么样的手段？这都是一些重要的问题。

从丛：刚才彭老师和刘老师都谈到了改编如何能贴近原著的本质。怎样能让它更彰显现代意义？怎样能够把改编纳入更大的一个背景中？我想这些都是改编剧本需要考虑的问题。我举两个案例，和大家一起思考一下：这两个改编怎么就能够体现它的现代意义了？如果说它体现了它的现代意义了，是否就是合理的呢？其中一个例子就是17、18世纪英国剧作家泰特(Nahum Tate)对《李尔王》的改编。大家都知道1642年剧场在英国被关闭，文艺复兴时期戏剧的辉煌告一段落，英国戏剧趋向于腐朽、衰落。当时流行的是充满道德说教的市民剧。泰特从古典主义思潮和当时社会的需求出发，以他的角度来看莎剧，发现莎士比亚的《李尔王》缺乏工整性和可靠性，于是对《李尔王》进行了改编。他的改编主要体现在以下几个方面：一是埃德加爱上了考狄利娅，这就非常符合当时严肃的戏剧里英雄爱美人的要求，为了追求这个戏剧情节，他只能把法兰西王给删掉；第二个改动是删掉小丑的角色，因为他认为小丑角色是不符合古典主义精神的；第三个改动可能是最致命的，他给了这个剧一个大团圆的结局——李尔王不但没有死，还恢复了王位，并同意了考狄利娅和埃德加的婚事。这就是这部剧对原剧的改编，这个改编竟然占据了英国舞台一百五十年。我们不禁要问，为什么这样的改编就能被观众接受？另一个案例是英国籍的华人导演谢家声用上海的演员和英国的剧团排演的一个中英双语版的《李尔王》。这部改编剧的背景是2020年的上海和伦敦，剧的开场是李尔用现代高科技的电视电话会议在控制他的商业王国。这个李尔是商业王国的霸主，是总经理李尔（President Lear），但是剧名中还是用了原剧中的李尔王（King Lear）。布景是一个现代的办公室，使用的语言是莎士比亚原剧的语言，中国演员用汉语，英国演员用英语。那么这个改编与原剧的联系是什么？它是怎么体现现代意义的？我想抛出这两个案例来与大家共同思考。

傅俊：刚才几位老师都是从演出的角度来讨论戏剧的改编，我主要是从文本的角度做了一些关于改编的研究。我曾经在一次学术会议上发言，题目是“说不尽的莎士比亚，说不尽的哈姆雷特”，副标题是“谈谈20世纪《哈姆雷特》评论与改编”。实际上评论对改编是有影响的。20世纪以来出现了许多新的批评流派，比如说心理分析、新批评、结构主义、马克思主义等。许多评论家都在这些理论的影响下对莎士比亚的《哈姆雷特》进行重新解读，这就影响了这个剧自20世纪以来在舞台和影视中的表现。我的另一个关于戏剧改编的研究是英国当代剧作家汤姆·斯托帕德（Tom Stoppard）对《哈姆雷特》的改编，他的《罗森克兰茨和吉尔德斯特恩已死》已经被列为经典。斯托帕德作为主要荒诞派作家之一，也有的评论家认为他属于“后荒诞派”。我主要研究了他对莎士比亚的《哈姆雷特》的戏仿和戏剧寄生现象。他是以《哈姆雷特》为基础，把其中两个小人物罗杰斯克兰茨和吉尔德斯特恩当成主角，从这两个人物的角度来看这个故事，并融入了一些现代的思想内容。斯托帕德的改编刚开始也引起了争论，曾被批评为“歪曲篡改了莎士比亚”，但是到了四十年后的今天，人们都习惯了“戏说”经典、“大话”历史，所以他的“篡改”也被普遍认可。此外，斯托帕德的改编还受到了贝克特的《等待戈多》的影响。斯托帕德自己也承认他的改编受到了三个经典作品的影响，分别是《哈姆雷特》《等待戈多》和T. S. 艾略特的《情歌》。我的另一研究方向是加拿大文学。当我在研究加拿大文学，特别是“加拿大文学女王”玛格丽特·阿特伍德的作品时，发现阿特伍德曾经改编过《哈姆雷特》，她有一篇很短的短篇小说叫《葛簇德的反驳》，截取了《哈姆雷特》里王子与他母亲在寝宫里对话的那一段。她运用了当代女性主义的观点，给了剧中的皇后话语权。

朱雪峰：我在做论文的时候对奥尼尔戏剧的舞台演出有一些了解。

舒笑梅：我知道在座的各位教授对戏剧的独白都有深入的研究，有几位教授也在研究电影对戏剧的改编。我想问一个问题：戏剧的独白在改编成电影后，除了具有体现情节的文学作用以外，它如何能够更好地贴合电影所特有的那种空间效果？

吕效平：对于舒老师提出的问题，我想举一个例子。有一个《哈姆雷特》的电影版本中，"活着还是死亡"的那一段都放在画外音里。我认为对于一个电影导演来讲，他无论如何也会避免让一个演员像在舞台上演出一样做大段的独白，他一定会让镜头起到一些作用。

舒笑梅：问题是戏剧的独白有不同种类，比如说刚才彭老师把独白还细分成旁白(aside)。在文学作品中旁白会激发我们的想象，而在电影里导演肯定会用一些有空间特点和绘画特点的镜头，这样的话观众的想象就受到了限制。

吕效平：我就讲讲南京大学的戏剧改编。我们在2003年、2005年分别改编了两个戏。2003年我们的剧叫《罗密欧还是奥赛罗》，还有一个题目叫《人为什么要结婚》。我的本意是想讨论我们应该乐观地还是悲观地看待我们的人生和爱情。但是对于在学校里上演的剧来说，我们不便这样直接地提出问题，因为我们当然应该向学生们传达乐观的人生观。于是，我们决定讨论莎士比亚是一个人性的乐观主义者还是一个人性的悲观主义者，这就将这个话题转变成一个学术问题，与我们个人的人生观无关。剧中主要是持不同观点的两方的争论。认为莎士比亚对人生和爱情持乐观主义态度的一方大段地背《罗密欧与朱丽叶》中的台词，演阳台下的那段，演墓穴里的那段；而持相反意见的一方就大段地背《奥赛罗》中的台词，演手帕的那段，演苔丝狄蒙娜的卧室那段。对于这个戏的改编，我认为莎士比亚对我来说就是极其伟大的思想和灵感的资源，我并不介意莎士比亚的舞台是什么样的，我只想表达我自己。两年之后，我们又改编了易卜生的《人民公敌》，在戏中，我让一群生长在淮河边的大学生回到家乡，目睹被严重污染的淮河，他们决心为保护家乡的环境做点什么。他们选择了排演易卜生的《人民公敌》，希望借此剧唤起家乡人民制止污染、保护环境的觉悟。《人民公敌》给了我灵感。在《人民公敌》中，斯多克芒发现家乡的温泉水被污染了，让大家来治理，但是治理暴露了泉水的问题，影响了小镇的旅游业，最后小镇全体居民把斯多克芒选为“人民公敌”。我当时想到，最孤独的人就是最伟大的人，所以我决定排这个戏。舞台上是一帮孩子为了治理淮河做宣传而上演易卜生的《人民公敌》，结果起初支持孩子们宣传的政府态度开始暧昧起来，媒体上也开始出现负面新闻，孩子们怯懦了，他们也陷入了一百年前易卜生的《人民公敌》中斯多克芒的困境。做这个戏我也是要表达自己，我认为艺术就是要发掘人性的东西。

张瑛：我研究的是《哈姆雷特》的电影改编。关于电影改编我想问大家一个问题，有多少在座的学生看过莎士比亚的原汁原味的舞台剧？我相信没有多少人看过，但是会有一些同学看过莎士比亚剧作的电影改编。从这个现象可以看出，电影改编对于莎士比亚剧作的普及是非常重要的。莎士比亚的电影改编在从电影媒体诞生开始就持续不断地进行着，从20世纪初到现在就有二百多部，对《哈姆雷特》的电影改编就超过七十部。莎剧的电影改编热潮也使文学批评界兴起了莎剧改编批评的热潮。从20世纪80年代开始，《莎士比亚评论》和《莎士比亚季刊》都分别设专刊讨论莎士比亚的电影改编问题。也就是说，莎士比亚电影改编批评已经正式成为莎士比亚文学批评的一个重要分支。我认为莎士比亚剧作的舞台版与它的电影改编相比，就是把一个舞台导演的选择变成了一个电影导演的选择。作为当代媒体形式的电影面对一个四百年前的文本，如何能找到一个平衡点，这是值得我们讨论的问题。

何成洲：我想介绍一下易卜生的作品近年来在中国的改编情况。我先讲一个对于改编来说最基本的考虑，那就是对经济的考虑和对市场的考虑，这实际上是两个问题。就易卜生而言，2006年的统计表明，目前世界上易卜生的作品的演出频率仅次于莎士比亚的作品。一个很重要的原因就是挪威政府非常有钱，政府运用经济和外交的手段促进和推动易卜生剧作在国外的演出。另一个方面就是市场，作为一个世界著名的剧作家，易卜生很有市场，很容易吸引观众。易卜生的剧在中国演出的频率也非常高，演出场次最多的是《玩偶之家》，演出的变化也非常大。1999年在北京，《玩偶之家》又一次被改编上演，把场景变成中国的场景。该剧把原剧中的海尔茂改成一个中国人，让中国的海尔茂娶挪威的娜拉，让挪威的娜拉到中国体验文化差异。这个改编剧本主要体现了当代中国存在的中西方文化的差异、误解和冲突。另外一个改编的例子是易卜生的《培尔·金特》。20世纪中期以后，这部剧常常在欧美国家上演。萧乾先生曾把培尔·金特比作阿Q，我也有同样的看法，我曾写过一篇文章比较培尔·金特和阿Q。2006年和2007年上海戏剧学院有两次改编《培尔·金特》的演出。一次是把《培尔·金特》改编成京剧，另一次表演是用环境戏剧来改编《培尔·金特》。《培尔·金特》这部剧有很多场景，有的场景在非洲，有的在挪威的海岸，还有的在山里。上海戏剧学院就把整个校园当成剧场，在校园里取景，比如说有的地方被当成沙漠，就用灯光等手段制造出一种沙漠的意象。观众也可以参与其中，有一幕是培尔·金特在家乡举行婚宴，非常热闹，演员就邀请观众参与，一起跳舞。我最近比较关注的是《人民公敌》。这部剧在近十多年有三个版本：北京1997年吴小江导演的、台湾“黑门山上的剧团”2005年演出的和南京大学2006年演出的。我将这三个演出版本做了比较。我考虑的问题是同一个剧本在最近的几年分别在中国不同的城市上演，它是怎么被本土化和地方化的。比如说南京的演出版本就体现了一种理想主义精神，演出的激情引起了学生共鸣；北京的演出更加强调革命性，更多体现的是一种政治的冲突；台湾的版本与台湾的民主运动结合起来，剧中许多语言都是在台湾街头能听到的运动口号，这个改编讽刺了台湾的部分政客利用民主概念来互相争斗的做法。

二、戏曲改编西方戏剧

何成洲：下面我想请各位教授就几个话题进行交流和讨论。目前在中国，用传统戏曲来改编西方经典戏剧的例子越来越多，越来越受关注，比如说吴兴国的《欲望城国》是用京剧改编《麦克白》，孙惠柱、费春放的《心比天高》是用越剧改编易卜生名剧《海达·高布乐》。我们的第一个话题是，为什么在当代中国会越来越倾向于用京剧和地方戏来改编西方戏剧？

彭镜禧：我首先想谈一下对吕老师发言的感受，因为我觉得吕老师刚才的发言触及今天的主题，就是改编的“现代意义”。一个文学家的创作面对的读者或观众就是当代的人，因此改编也一定要有“现代意义”。但是对于艺术家来说，他的改编是一种创新，他表达的是自己的想法。如果严格地讲，吕老师的“改编”已经不是“改编”，而是一种“创作”，莎士比亚的原作是他的材料而已。这样说来，傅老师提到的斯托帕德的改编也是创作，莎士比亚的原作被他挪用了，莎士比亚是他灵感的源泉。我完全支持吕老师的创作理念，绝不会去想吕老师的作品离莎士比亚的原著有多远。无论是翻译、改编还是创作，都是对原著的演绎，演绎也就是一种解读（interpretation）。创作人的解读可能与他本人在当代的经历、阅历相关，因此改编和创作一定都具有现代意义。

吕效平：我现在回到主持人刚才提出的问题。我不知道台湾是一种什么样的状况，大陆之所以有许多用传统戏曲改编西方戏剧的例子，我想是因为大陆的戏曲从业人员多。戏曲演员又不能像话剧演员那样去拍电影和电视剧，因此可能更多地投入到戏剧改编的活动中。

彭镜禧：就这个问题，我讲一下台湾的情况。台湾在三十年前，在吴兴国之前有一个郭小庄创立的“雅音小集”，首开京戏现代化之风。以前的京剧剧本都是以折子分，但是从他们开始就给出一个完整的剧本。以前的折子戏因为没有完整的剧情，只有非常内行的人才会欣赏，一般的年轻人看不懂，给出了完整的剧本就有助于年轻人理解剧情。完整剧本的京剧就是从“雅音小集”开始，也影响了后来的一些戏剧家，包括吴兴国。后来的戏剧家发现京剧需要新的剧本，但是京剧剧本却不好写。如果是中文系的人写，他可能还是按照以前的老套路，不会写现代的京剧剧本；如果找外文系的人写，外文系的人可能有想法，但是却不会写。因此，他们就会借用西方的戏剧来改编成京剧。

刘海平：刚才彭老师提到的改编与创作的区分，我认为很有道理。改编和创作是要区分开来，尽管有的时候两者之间的界线很模糊。改编相对来说要忠于原作家要表达的意思，改编者认为原作家有些很重要的话对于我们现在的观众仍然有用；创作者则是把原作当成材料，而他向观众传达的是自己的想法。我觉得把改编和创作区分开还是很有必要的。我再回到刚才何老师提出的话题。为什么中国有很多用传统戏曲改编西方戏剧的例子？奥尼尔的《榆树下的欲望》曾被改成川剧和河南曲剧等剧种。当时将该剧改成曲剧的导演跟我交谈过，他改编的目的很明确，就是要把用曲剧改编的《榆树下的欲望》带到国外上演。如果我们给外国人演话剧的话，语言本来就不通，再加上有大段的台词，外国观众很难理解，很难引起他们的共鸣。然而，中国传统戏有许多戏曲的成分在里面，可视的东西很多，因此在外国演出非常成功。对我们的音乐、服装、演员的身体姿态、化妆等，外国人都非常感兴趣。

吕效平：这是我开始没有想到的。刘老师讲的这条非常有意思，就是说用中国传统戏曲改编外国剧本不仅仅是文化输入，也是文化输出。这非常有意思。

何成洲：我再补充一点。我这个问题与我的体验有关系。2006 年我在上海看了越剧版的《心比天高》。实际上我在 1999 年就接触过这个剧本，当时很兴奋，因为把日常对话写成悦耳动听的唱词是很不容易的事情。刚开始我对越剧版与话剧版的差异还有些想法。大家都知道现代话剧的演员都是用暗藏的情绪来展现对话的张力，真实的意图在现代剧里要通过一些手法来暗示，但是中国的越剧版把意图通过唱腔很直白地唱了出来。在原剧中高布乐是很含蓄的，因为无人理解她，她才逐步变得歇斯底里；但是越剧《心比天高》把她内心的焦虑、嫉妒等情绪通过唱腔很直白地表达出来了。后来我观看了演出，受到了很大的震动，舞台的唯美形式和氛围感染了观众。此剧在挪威演出时引起轰动，当地的导演、知名人士和观众给予了很高的评价。这是中国戏剧走出去的一个成功的个案。

三、戏剧改编和中国原创性戏剧

何成洲：现在我们进入第二个话题，就是戏剧改编对中国原创性戏剧的影响。我自己的感受是在20世纪80年代末、90年代初的时候，中国的话剧创作还是比较多的，比如说《天下第一楼》等一批话剧，可以说这些剧现在成为了经典。到了最近的十年，中国原创的话剧好像少了。我想，是不是改编西方戏剧太多会影响本土的创作？这个问题我想吕老师最有发言权。

吕效平：我还是不认为改编外国的戏剧压制了本土原创作品的创作。为什么20世纪90年代后没有《天下第一楼》，也没有曹禺和田汉了呢？你只要看一条：20世纪80年代的戏单上列的是编剧和导演，90年代的戏单上写的是监制和制作人。我们把90年代称作“后新时期”，实际上就是这个问题。北京人民艺术剧院在四十年庆的时候，拿出了两个非常好的戏，《天下第一楼》和《狗儿爷涅槃》。到了五十年庆的时候，他们没有新戏，用的还是这两个剧。马上要六十年庆了，仍然拿不出新剧来。原因就是现在创作剧本都要组织一帮人讨论，个人艺术创作转为政府的行为。所以，我不认为改编外国戏剧抢夺了我中国话剧的市场。

彭镜禧：我讲一下台湾的情况。在台湾，改编外国戏剧和原创作品都有，最主要的是看这个剧本好不好。现在是自由市场，剧本改编得好就会有市场,原创作品好也会卖座。因为市场竞争,改编戏剧是有可能造成对本土作品的排挤的。如果改编戏剧好,观众就会更愿看改编剧而不去看本土原创剧。这种经济上的排挤效应在台湾是有的。

四、戏剧改编与课堂教学

何成洲:我想我们学生看戏的机会不多,主要是研读文本。观看舞台表演会对理解文本有很大的意义,因为大多数戏剧家都有非常丰富的剧场经验,比如说易卜生就当过六年的戏院经理。我的问题是,观看戏剧,无论是舞台版还是电影改编版,是怎样对我们阅读文本产生影响的?

刘海平:我上课给学生看的DVD有两种情况,一种完全是舞台版的,一种是电影的改编。我都是在对原著细读、讨论后才会给学生播放DVD。假如是电影改编的,我一定要跟学生解释,这是电影的语言而不是舞台的语言。这样也把我们的戏剧课扩展一下,让学生知道文本是什么,舞台是什么,电影是什么。

吕效平:我非常同意刘老师的观点。无论如何不能让电影改编,甚至是舞台演出来取代对原著的阅读。如果真是一个经典作品,我们一定都是把原著搞通了才看。看的时候,我也会提醒学生,这不过是对莎士比亚的一个演绎,对莎士比亚还有一万个演绎。

彭镜禧:我也认为文本是非常重要的。每一个对文本的表演都是一种演绎而已。电影有很多的自由,原来在舞台上没法呈现的,可以借助电影手法呈现出来。但是,电影的自由也是一种限制,它只给观众一种想法。读者读文本可能会有不同的想象和三五个想法,但是电影限制了观众的想象,只给观众一种想法。

张瑛:我觉得看电影改编对文本解读既有它积极的一面,也有它消极的一面。积极的作用就是对于现在的学生来说,电影可以激发他们的兴趣;消极的作用就是电影改编就是电影导演的一种选择。我们不妨就把电影导演想象成一个文学批评家。一个电影导演对原剧的改编实际上是他对原剧本的一种解读，但是在解读的过程中他把原剧简单化了，原文本呈现出来的多个层面被简化为一个层面。导演会用电影的语言把观众向这一个层面引导。简单地举个例子，1948年，劳伦斯版的电影《哈姆雷特》特别突出哈姆雷特的恋母情结，而其他的版本可能会忽略这一点。如果我们把多个电影版本放在一起比较，我们就会发现每一个版本都只是导演个人的选择而已。因此，我们决不能把简单化的电影当成是唯一的选择。一千个导演，就有一千个哈姆雷特，这一点我们一定要告诉学生。

朱雪峰：我觉得看演出还是对学生理解剧本很有帮助的。比如说奥尼尔剧作的语言并没有太多诗意，读起来很枯燥。看演出的话，学生们就很容易看进去，很多演员也更愿意演奥尼尔的戏。

何成洲：我提出这个问题的动机是，戏剧文本具有有别于小说的一面。很多现代的作家都有丰富的剧场经验，他们就把自己对剧场和舞台的理解贯穿到剧本的创作中。我们在阅读剧本的时候往往忽略了括号里的舞台指示词，而只注重对话。实际上，剧作家把他对舞台的理解放到了舞台指示词里。有些现代的评论家就非常关注文本中舞台指示词的描写，考察剧中的意象怎样被建构，以及意象与语言之间的互动。我认为这种互动给现代戏剧增添了诗性。现代戏剧家如奥尼尔和易卜生，在创作中充分利用对话语言和描述性语言的互动，给剧作增添了许多想象空间。

傅俊：我觉得现代戏剧剧本中的舞台指示词较多是跟时代有关系。莎士比亚的时代几乎没有布景，就是一个空荡的舞台。他只能把意象融入对话，观众才能想象。

彭镜禧：一方面，在莎士比亚时代，莎士比亚将舞台指示写在台词里面；另一方面，莎士比亚笔下的某些角色就是为他的剧团的某些成员所创作的，莎士比亚可以随时随地与演员讨论关于演出的问题。剧团成员之间的默契关系可能使他们觉得没有必要写舞台指示词。

刘海平：还有一个原因就是在莎士比亚的时代，比如说莎士比亚，他写剧本不是给读者读的，而是给演员演的。到了现代，特别是易卜生和萧伯纳，作家们想到自己的作品要出售给读者，所以在创作时与小说建立起了联系，加入描述性的舞台指示词。

五、结语

何成洲：今天非常感谢这么多专家和教授参加我们高研院的沙龙，尤其是从台湾远道而来的彭镜禧教授。在总结发言之前，我想讲一句话，就是“戏剧是一个公共艺术”，因此才会有这么多关于戏剧的话题。戏剧改编如今已经成为戏剧研究的一个非常重要的学术增长点。如何来研究呢？我来谈一下我的体会。我的第一点想法就是我们可以研究改编的方式。戏剧改编的方式有很多，将西方戏剧改编成中国传统戏曲，改编成电影，改编成话剧，甚至是双语剧等等，这可以是我们研究的一个层面。我的第二个想法是我们也可以从历史、文化的角度来切入改编，研究文本的语境对改编的影响。反过来，我们也可以研究改编中社会、文化、政治和意识形态的影响。第三点，戏剧改编在国际上已经受到了广泛关注。我们改编西方戏剧，我们的传统剧也被西方改编。因为改编的例子很多，改编的经验也很多，所以引起了学者们的重视。我了解到柏林自由大学就有一个欧盟项目，课题就是“跨文化演出研究”，他们就是将现在改编经验中一些共性的东西提炼出来加以理论化和学术化。我觉得现在是我们中国戏剧研究界介入跨文化戏剧研究的一个适当的时机，我们应当介入到西方戏剧理论的话语建构中，形成我们自己的理论资本。我们这次沙龙具有重要意义。2008 年 4 月 23 日是莎士比亚诞辰 444 周年，彭老师做的“莎士比亚的现代意义”的报告和今天晚上我们组织的教授沙龙刚好也是为了纪念这位伟大的戏剧家。

“你是谁?”“世界从何而来?”

——与乔斯坦·贾德的访谈①

乔斯坦·贾德(Jostein Gaarder),1952 年生于挪威。已发表十多部小说,代表作之一《苏菲的世界》被翻译成五十四种文字,在全球的发行量超过三千万册。他是当代北欧最重要的作家之一,曾获得多个奖项。他于 1997 年创立了“苏菲基金会”,每年颁发十万美金的“苏菲奖”,鼓励以创新方式对环境发展提出另类方案或将之付诸行动的个人或机构。

2008 年 1 月,乔斯坦·贾德首次来到中国,并在南京大学高研院接受了何成洲教授的访谈。

何成洲(以下简称何):贾德先生,这是你第一次来中国。你刚去过了上海、杭州,现在又来到南京。你给中国学生做讲座,与自己的书迷见面。我想知道:你对中国的大体印象是什么?

乔斯坦·贾德(以下简称贾):是的,这是我第一次来中国。我被眼前的一切所打动。我本以为中国人是有点害羞的,但我现在发现中国人也是非常个性化的。我很难说中国人是什么样的,因为有十三亿中国人,希望你能理解。个性化是一个方面,我还发现许多中国人都会说英语,这也是我所不知

① 原载于《当代外国文学》2008 年第 1 期。南京大学外国语学院博士生陈琳整理和翻译。

道的。当然，中国的经济发展也让我感到惊讶。我不能说中国的每个地方都有同样的发展程度，但是，比如说上海和南京的一些地方真是很棒！我很高兴看到中国人在经济上富裕起来。也许我可以用一句话概括我的印象：我所见到的中国比我脑海里的中国更现代。

何：所以说中国跟你的想象大不一样。《苏菲的世界》是你在中国最有影响力的作品，你认为它也是你最成功的作品吗？

贾：当然，对于我来说，《苏菲的世界》很重要，因为它为我的其他书打开了销路。我的意思是如果没有《苏菲的世界》，我的其他书不可能被翻译成这么多种语言，在全世界销售。我不认为《苏菲的世界》是我最好的一部作品，其他作品对我来说也很重要。

何：《苏菲的世界》是一部关于哲学的小说，你什么时候有了这样一个构思？

贾：在着手创作《苏菲的世界》的前一年，也就是1990年，我写了一部小说叫《纸牌的秘密》。它讲述了父子二人穿越欧洲去寻找很多年前离家出走的母亲的故事。他们认为母亲去了雅典，于是也去了雅典。在雅典，父亲开始给儿子讲一些曾经在雅典居住过的哲学家的故事。所以我有了这样一个构思：当这个大约十三岁的孩子回家后，他去图书馆借一本关于哲学的书，图书馆管理员可能会笑起来："哦，不，你太小了，你还得等等。"我当时突然觉得一个十来岁的孩子不能看哲学书是一件很奇怪的事情。的确，哲学书都具有很强的学术性，很难看懂。于是我决定根据我教哲学和历史的经验写一本书，而且还是一部小说。

何：你花了多长的时间才写完这部小说的？

贾：每次回答这个问题我都有些不好意思，因为我在很短的时间内就把它写出来了。你知道，我教了十年的哲学，所有的材料都在我的备课本上。我当时很有灵感，所以我想很快地写完它。我整日整夜地坐在那里写，三个月就完成了这本书，这真是一件很艰辛的工作。我之所以能如此快地完成这本书，我想主要有两个原因：一是因为我当时很有灵感，二是因为我觉得这是我必须完成的任务。如果完成了它，我在接下来的时间里就可以随心所欲地做些其他的事了。

何：你学的是哲学，对吗?

贾：是的，事实上是两种稍有差异的学科。一种是哲学，一种是思想史。思想史包括历史、思潮、音乐、文学等。比如说，我们不仅读哲学书，也会读莎士比亚。同时，我还学科学和宗教。我起初是一个普通的高中老师，我教学生们“生活的哲学”。我的第一次创作就是为这个科目编写教材。

何：在创作《苏菲的世界》之前，你是一位高中老师，在《苏菲的世界》成功之后，你还继续教书吗?

贾：不，我没有再教书了。在我完成《纸牌的秘密》之后，我获得了一个文学奖。这笔奖金让我能够当一年的全职作家而无须关心生计，而且当时我还有编教材的收入。

何：你在写《苏菲的世界》之前，写了很多教材，是吗?

贾：是的。

何：是关于哪个科目的? 哲学?

贾：是关于宗教和哲学的。

何：所以你在写《苏菲的世界》之前，已经写了一些给孩子们看的关于宗教和哲学的书，是吗?

贾：是的，但不是给小孩子看的，而是给高中生看的。

何：那么这些经历一定对你后来创作《苏菲的世界》有很大的帮助。

贾：是的，但在这之前，我就一直想当个小说家。我也确实写过小说，只是没有发表而已。

何：哦，你本来就对创作有兴趣。我的印象是，在欧美有不少人曾经尝试以小说的形式来传播哲学知识，为什么他们没有成功，而你却取得了如此大的成功呢?

贾：哦，首先你必须理解，我真没想到这本书会一炮打响。我和其他人一样感到震惊。你知道，我们的邻国丹麦最先引进并发行了这本书。它很快就成为极受欢迎的一本书，很长时间内都位居畅销书的榜首。然后在德国，这本书在1994年、1995年连续两年在畅销书排行榜上名列榜首。我本来以为这本书在德国不会有前途。你知道，历史和哲学这两个概念都来自德国。这本书成为德国的畅销书，我想是有原因的。德国的哲学虽然也是哲学史，但是太过学术化，很难理解，我认为，所有的想法都可以通过简明的方式表达出来。《苏菲的世界》用很清晰的方式说明了一些哲学思想。当这本书在法国发行后，我本来也认为这本书不能成功，因为在法国，很多很多年前，高中学生就开始读哲学书，哲学是他们课程的一部分，全世界可能只有法国是这样。但是，当我到了法国，我看了法国高中的教材后发现这些书一章讲社会，另一章讲宗教，而不是按照时间的顺序来讲哲学史，于是我明白了为什么在法国《苏菲的世界》也能取得成功。事实上，因为同样的原因，《苏菲的世界》在很多国家都取得了成功。

何：《苏菲的世界》的副标题是“一本关于哲学史的书”。有些评论家认为这本书更像是一本哲学书，而不是一本小说。你同意这种说法吗？

贾：不，我不同意。我认为这就是一本小说。我坚持认为这是一本小说，这就是为什么我称它为小说的原因。

何：在这部小说里，苏菲和席德都是很重要的人物。年轻的读者可能会想，哪个才是小说的主人公？苏菲还是席德？你知道，读小说的人总想弄清谁是主人公。你是怎么看的？

贾：这是个框架式小说，有不同的层次。一个故事是讲艾伯特要给快过生日的女儿席德准备生日礼物，他有一个想法，就是要送给女儿一本讲哲学史的书，于是他写了《苏菲的世界》。苏菲实际上和席德生活在同一个世界里，我们甚至能得到这样的暗示，苏菲就是另一个席德，因为她们有很多相似之处，她们长得就很相像。当她照镜子时，她的样子变成了另一个女孩，就是席德。从某种程度上来说，苏菲就是席德。当席德读这本书时，她也认为苏菲跟她一样是一个活生生的人。我这样做是为了说明许多神秘的东西是无法明确解释的。

何:《苏菲的世界》我读过很多遍,苏菲的故事深深打动了我。当苏菲知道自己是个虚构的人物时,她哭得非常伤心,后来她逐渐平静下来,并接受自己其实是一个虚构人物的事实。

贾:这也是因为艾伯特跟苏菲说,如果你不是虚构的,作为一个活生生的人,你的生命是有限的,而作为虚构的人物,你会永远活着。

何:当我读这本书时,我有时也会跟小说里的人物一样感到沮丧悲观,但是我认为小说的结局是乐观的,于是我也感觉非常轻松,这是我读这本书的感受。我在想这是不是也与你的人生哲学有关?你有着什么样的人生哲学?

贾:我认为苏菲最后和她的命运达成了一种妥协。你知道,人们经常说我的作品是对生活抱有肯定态度的,不仅仅是《苏菲的世界》如此。这可能就是你所说的一种乐观精神。

何:是的。我认为对于年轻的读者来说小说的结局是很重要的。乐观的结局至少对年轻人来说是有非常重要的积极意义的。

贾:我其他的书也都是对生活抱有肯定态度的。有一本书叫《穿过黑暗的玻璃》,讲的是一个快要离开人世的小女孩的故事。但是,这是一本关于活着的书,而不是关于死亡的书,因此也是对生活抱有肯定态度的。

何:我们一直在讨论《苏菲的世界》,你能不能介绍一下你其他有影响的作品?

贾:你知道,《苏菲的世界》已被译成五十四种语言,《橙色女孩》也被译成十四种语言。我的许多书都很有趣。

何:那么,哪本书你特别想推荐给中国读者呢?

贾:《纸牌的秘密》是一本很好的书,不仅因为它很重要,而且因为它是我在创作《苏菲的世界》的前一年完成的。从某种意义上讲,《苏菲的世界》是《纸牌的秘密》的一个延伸。《纸牌的秘密》是一个很有趣的童话。

何:你知道哪些西方和中国的学者在研究你及你的作品吗?

贾:在中国我只知道你在做这方面的研究。

何：昨天你在南京大学的讲座真的很精彩，尤其是最后十分钟的那段讲话。你提到，我们这代人应该为下一代人着想，我们的前辈们给我们留下了许多能源，而我们怎么跟我们下一代解释我们用掉了这么多能源。这个话题跟我们中国的状况息息相关，也可能跟你的创作思想有关。你能不能再简要谈谈？

贾：实际上这个问题不仅对中国是重要的，对西方的国家也同等重要。我非常感兴趣的一点就是我们的后代会怎样评价我们，我们应该怎样跟他们交代。我们拿走了全部，我们拿走了后代的东西。这也是像我一样的挪威人需要面对的重要问题。我们挪威富有是因为我们是一个石油国家。石油在北海沉积了上亿年，我们现在把它发掘出来，供几代人来享用。据我所知，中国有很多的煤，我认为，中国的问题是如何尽量地不那么依赖煤矿业。我在想，谁将是发现新环保能源的第一人？是个中国人还是个美国人？能源的危机应该刺激中国的专家们去寻找解决方法。一方面是石油和煤的问题，另一方面是许多西方国家的发展依靠的是剥削其他国家。我觉得我们西方国家应该放慢发展的脚步，而让如中国、南美和非洲的一些国家发展得更快些。当然，我们希望中国人的生活能过得跟我们欧洲人一样好，那样的话，我们就得放慢速度。富有固然很好，但是过分富有就会出现问题。拿我们挪威来举个例子，一项科学统计表明，从20世纪初到20世纪60年代末，挪威一直保持着较快的发展，挪威的犯罪率、自杀率、离婚率在这段时间持续降低，生活的各个方面都有所好转，我们的经济实力不断增强。但是，到了20世纪60年代末，挪威的经济开始加速发展，人民的生活非常富足，然而犯罪率、自杀率、离婚率却开始上升。所以说，富有对社会是健康的，太过富有就不健康了。我很高兴看到中国有如此好的发展态势，我觉得西方国家的发展应该减速。

何：中国读者很喜欢你，你能不能最后用一两句话归纳你最想说的一个观点？

贾：我只想说“好奇心是我们与生俱来的能力”，这也是《苏菲的世界》的一个主题。

性别研究的未来

——与托莉·莫伊的访谈①

托莉·莫伊(Toril Moi, 1953—),美国杜克大学教授,国际知名的女性主义文学批评家。主要著作包括《性与文本的政治——女性主义文学理论》(*Sexual/Textual Politics: Feminist Literary Theory*, 1984)、《西蒙娜·德·波伏娃:一位知识女性的成长》(*Simone de Beauvoir: The Making of an Intellectual Woman*, 1994)、《何谓女人?》(*What Is a Woman? And Other Essays*, 1999)等。她还主编了《克里斯蒂娃读本》(*The Kristeva Reader*, 1986)和《法国女性主义思想》(*French Feminist Thought*, 1987)。莫伊不仅熟悉以波伏娃和克里斯蒂娃为代表的法国女性主义传统,而且钻研伍尔夫、凯特·米莉特等英美女性主义的主流思想家。她对女性主义理论和批评实践有着自己独到的见解,在国际学术界产生了一定的影响。莫伊来自挪威,也是一位易卜生研究专家,出版过一本重要的学术著作《易卜生与现代主义的诞生》(*Henrik Ibsen and the Birth of Modernism: Art, Theater, Philosophy*, 2006)。

2008年12月,莫伊应邀访问南京大学,南京大学外国语学院何成洲教

① 原载于《当代外国文学》2009年第2期。南京大学外国语学院博士生陈旭也参与了此次访谈的整理和翻译,特此感谢。

授就女性和性别研究等话题与她做了一次访谈。

何成洲(以下简称何)： 首先感谢您昨天的精彩讲座。[1] 在中国，您被看作一个非常有影响力的女性主义批评家。您的著作《性与文本的政治》(*Sexual/Textual Politics*)被当作学习女性主义的重要阅读书目，其中一些章节出现在许多大学研究生课程的教科书中，您是否意识到您对中国的文学研究的影响力？

托莉·莫伊(以下简称莫伊)： 没有。我知道《性与文本的政治》一书被翻译成了中文，但不知道其中一些章节出现在教科书中。我知道这本书有了中文译本时，感到十分高兴。但在写书的时候，并不知道哪些人会读它，也很难知道它是否会给人们带来特别的感受。

何：《性与文本的政治》这本书写于20世纪80年代，然后在2002年再版，对吧？

莫伊： 这本书在1985年第一次出版，实际上这本书的手稿在1984年9月就完成了，交稿后第二天我就来了中国。我记忆犹新，因为那是我第一次来中国。先到了北京，然后去了西安。

何： 您是一个人吗？

莫伊： 不是，还有特里·伊格尔顿(Terry Eagleton)，他作为著名的马克思主义批评家受邀来到中国。我在北大和北外做了讲座，是关于《性与文本的政治》这本书的，因为当时刚刚写完，所以我在中国做的第一次演讲就谈到了它。在2002年再版时，我增加了后记，回顾了一下20世纪80年代的写作状况。

何： 您提到《性与文本的政治》再版时没做修改，因为书中的讨论在现在看来仍是中肯的。

---

① 托莉·莫伊：《"我不是女作家"——关于当今女性、文学和女性主义理论》，《南京大学学报》2009年第1期。

莫伊：是的。首先书中的许多讨论仍和现在紧密相关，如昨天有同学提问，我们如何看待关于女性作家的研究，这个问题就与书中的第一部分内容相关。在那个部分，我做了对“女性形象”的批评。再者，人们仍然想了解法国女性主义理论，如果要从西苏(Cixous)、克里斯蒂娃(Kristeva)、伊里加蕾(Irigaray)开始，这本书可以作为一个出发点。还有一个未做修改的原因，就是这本书勾勒了20世纪80年代中期左右的女性主义理论的大致情形，如果在2002年或者是2008年去修改，它就会变成完全不同的一本书。《性与文本的政治》是当时语境下的一本书，但这并不意味着它就过时、无用了，只是现在要改的话，会写一些不同的内容，所以我写了再版后记，做了说明。

何：除了《性与文本的政治》以外，我们知道您还有其他的著作，能为中国读者推荐一下吗？

莫伊：如果愿意了解我对女性主义的看法，我在1999年出版了《何谓女人》一书，该书的前两章在2005年单独成书再版，叫《性、性别与身体》(*Sex, Gender and Body*)，由牛津大学出版社出版。里面有两篇文章，一篇《何谓女人》(“What Is a Woman?”)，另一篇《我是一个女人》(“I Am a Woman”)，涉及西蒙娜·德·波伏娃的两难问题，可以看作以波伏娃为基础的女性主义理论写作。如果读了《性与文本的政治》，也可以读读这本小书，或者《何谓女人》的前两章也可以。第一篇《何谓女人》(这也是波伏娃提出的问题)细致地探讨了一些问题，如生物决定主义，以相当长的篇幅讨论了朱迪斯·巴特勒(Judith Butler)和其他的一些人，以及对他们相应的评论。除此之外，还有对女性气质和男性气质概念的批评。第二篇《我是一个女人》开始思考个别与普遍的关系，例如开始思考个体和哲学的关系：作为女性学者，你能否真实地写哲学？如果愿意了解我现在如何解读文学作品，《易卜生和现代主义的诞生》(*Henric Ibsen and the Birth of Modernism*)一书中的几章体现得很清楚，例如我喜欢其中讨论《海上夫人》(*The Lady from the Sea*)的一章——当然，整本书我都喜欢——它是对女性和自由的一种很有意思的讨论，还有讨论《罗斯莫庄》(*Rosmersholm*)的一章，这是部涵义非常复杂的作品，以及关于《玩偶之家》(*A Doll's House*)的讨论也挺有意思。其实我认为要向别人推荐自己的作品非常难，因为你所需要阅读的书目取决于你想要知道什么。

何：心理分析被认为对女性主义批评有相当重要的作用，但一些女性主义者对心理分析颇有微词，例如凯特·米利特(Kate Millett)的《性政治》(*Sexual Politics*)。您对心理分析有何看法，它对女性主义有什么启示呢？

莫伊：就我自己而言，我与心理分析理论有些渊源，不过早年，我受到了凯特·米利特很大的影响，认为自己与心理分析没有什么联系。后来一想，不能在没有了解心理分析是什么的情况下就草率下结论。于是我开始阅读心理分析方面的著作，受到了朱丽叶·米切尔(Juliet Mitchell)的影响。她是英国心理分析女性主义者，写了一本重要著作，叫《心理分析和女性主义》(*Psychoanalysis and Feminism*)，好像是在20世纪70年代出版的，是当时第一部正式讨论心理分析理论与女性主义关系的英文著作。这本书说服了我，于是我开始阅读弗洛伊德、拉康。要研究法国女性主义，想绕开拉康是不可能的。从那时，我就得出结论，如果对主体性、性这类问题感兴趣的话，心理分析理论对女性主义是很有用处的。但我遇到一个问题，过去直至现在我都不能接受心理分析告知我们的男性气质和女性气质。例如，弗洛伊德将女性气质归纳为被动性，男性气质归纳为主动性，我认为这缺乏理由，不那么令人信服，所以写了篇文章，题目记不清了，很抱歉，好像是《重新思考弗洛伊德和拉康》("Rethinking Freud and Lacan")，发表在2003年的*Signs*(一份美国的女性主义杂志)上。我认为心理分析理论为自我(psyche)在与他人交往过程中的形成提供了精彩的解释，但在那篇文章中我解释了为什么心理分析提供的女性气质理论不那么让人信服。我认为它带有强烈的意识形态色彩，是刻板的偏见，很有可能远离了真实。但心理分析中的很多其他理论，如认同(identification)、投射(projection)、移情(transference)等理论都是有用的。

何：欧美学术界女性主义有衰退的趋势，您认为女性主义文学批评的前景乐观吗？

莫伊：可以说是有衰退的趋势。每一场批评运动都是变化着的，有起有落，所以如果认为女性主义文学批评应该静止不动就不对了。这个世界是变化着的，这意味着女性主义批评者也要变化。不过，这个衰退的趋势是存在的。我认为，女性主义文学批评这个概念的全盛时期是在20世纪70年代中期到80年代中期，然后我们有酷儿理论（queer theory）、女性主义与酷儿理论的各种结合，还有对间性（intersexuality）和跨国性欲质素（transnational sexuality）的研究调查等等。但我注意到我的许多研究生不愿意做女性主义批评，部分原因是做女性主义研究的人已经很多，而他们想说一些新的观点，不愿意重复别人已做的工作。现在我有个学生研究波伏娃，她提出的问题（我认为这是个不错的问题）是：波伏娃同时有文学作品和哲学著作，通常的做法是将她的文学作品看作她哲学著作的例证，但是这破坏了它的文学价值，如果仅是想写哲学著作的话，又何必从事文学创作呢？所以她就研究波伏娃如何在文学中进行哲学思考，而不是仅将文学作为已然存在的哲学理论的注解。我认为这不错，虽然不是过去意义上的女性主义批评，但她仍然讨论女性、自由、爱情，这些仍属于女性主义批评感兴趣的范畴，也许只是名字变了。我认为现在的情况是学术界里许多年轻的男性没有接触到女性主义，曾经有个年轻的男博士生需要自己开课，列出课程计划，打算讲女性作家，于是向我寻求帮助。这就是女性主义发挥作用的地方了，他不敢开设一门没有女作家的课程，一门文学方面的课程如果没有涉及女性作家，女性也不会满意。人们想要寻找女性主义新的、不同的阅读方法，他们不一定会自称女性主义者，那会让人想起女性主义中与时代脱节的内容，所以他们会改名，但仍对女性自由、平等、公平之类的问题感兴趣，只是称谓变了。

我可能说多了，但我突然想起昨天的讲座内容也许能很好地回答这个问题。昨天提到波伏娃希望女性可以做普遍的思考。如果女性主义只是作为孤立的女性主义而存在，那就好比是说：我这么说是因为我是女人。举个例子，如果说我的女性主义批评论文以文学作品中的哲学思想为关注点，那我们就可以做普遍的思考了，而这实际上是将关注女性的内容置于普遍的背景之下。这是一种处理波伏娃提出的两难问题的方法：一方面表现出对女性主义的尊敬，另一方面不会囿于分隔的女性主义——就像波伏娃说的，不会被自身女性身份所限制。

何：这个两难问题有解决的方法吗？

莫伊：我感觉我们不能完全解决这个两难问题。我做了一点工作，将女性主义关注内容置于更普遍的背景下。这样做有危险，有可能某天女性主义关注的内容消失了，然后就得回到过去。这样的危险总是存在，所以这是个两难问题。寻求普遍，就失去特殊性；但如果困于特殊性之中，就没人觉得你有普遍的关怀。我没有解决这个两难问题，只是试图应对它，但我想也是有意义的。

何：您在昨天的讲座中提到了跨国女性主义（transnational feminism），您对此有什么看法吗？您有没有读过中国的女性主义研究或性别研究的作品呢？您认为中国的女性主义研究或性别研究能对国际学界做出什么样的贡献？

莫伊：先回答后面的问题，我没有读过中国的女性主义和性别研究作品，这很可能是我自己的责任。我最近很长时间都在写关于易卜生的那本书，没有阅读女性主义研究的著作，一直在读易卜生，但现在我很愿意读女性主义的著作，也愿意读描述中国女性状况的书，想知道中国学术界女性主义的研究动态。至于跨国女性主义，我不知道它在中国是如何定义的、是否被谈论。

何：我们在 2008 年 6 月举办了一个“南京大学-布朗大学性别研究工作坊”的学术活动，一名布朗大学的美国华裔学者过来做了关于跨国女性主义的学术报告。

莫伊：在杜克大学也有这样的学术讨论会。我是哲学家，也是理论家，看重概念的创新和理论的广泛性。跨国女性主义给我的印象是，这应该是个很不错的话题，但我从中找不到新的理论动向。我感觉对世界不同地方的女性主义研究非常有必要，但我所看到的是将现有理论应用于更广泛的全球背景下。

何：它似乎具体地谈论了世界不同地方的妇女运动，将女性主义概念置于不同的文化背景下。

莫伊：是的，那非常好，我完全赞成。受波伏娃的启发，我相信每个言语行为和具体行动在具体情境中获得意义，这里的情境(situation)是波伏娃所说的意义上的。对感兴趣的问题做具体的考察是必要的。跨国女性主义提醒我们不应该将西方女性主义的观点投射到全世界，但另一方面，提到特性，又得陷入波伏娃的"两难"了。如果说对妇女状况的特性感兴趣，例如对1900年至1905年间南京的妇女状况感兴趣，你可能会进入实证的范畴，需要做的工作是细节性的，要考察某个时期的史实等等，这样与理论就没有联系了，而成为刻苦的历史学家的工作。这样得到了局部，却失去了总体。因此，存在着的挑战也就是细节的、具体的工作如何与理论观点结合。做细节的、具体的研究时，得有总体的概念，不然就不知道如何着手。总的说来，我认为跨国女性主义一词是指我们要关注不同国家的妇女经历，对这一点，我是认同的，只是我没有从中看到新的理论方法。

何：那我很愿意向您介绍我在这方面的几篇文章，一篇发表在今年的《现代语言季刊》(*Modern Language Quarterly*)上，题为《追寻现代性的女人》("Women in Search of Modernity")，通过对中国话剧中妇女形象的进一步思考，考察20世纪上半叶中国社会和革命的背景下中国妇女的状况和妇女运动的发展。还有一篇即将被收入玛丽·安·多恩(Mary Ann Doane)主编的关于中国电影和性别的书中，文章从巴特勒关于性别表演性的理论出发研究了《霸王别姬》中男旦程蝶衣性别身份认同的变化和他复杂的内心体验。

莫伊：好啊，翘首以待。

何：下面继续我们的问题。早期的女性主义批评关注男性作家，后来的女性主义批评主要集中在女性作家的文本，是这样吗？为什么会有这样的转移呢？您能否就一种恰当的女性主义批评的阅读策略提出建议呢？

莫伊：首先，我觉得"一种恰当的女性主义批评的阅读策略"是不存在的。你的阅读策略(也就是你如何阅读)取决于你想通过阅读发现什么。这听起来太简略，我们举例说明：如果你想研究的问题是关于性的，你可能想比较男性作家和女性作家，也许就会用上心理分析理论或福柯的理论等；如果你对自由和公平之类的问题感兴趣，就会阅读关于自由的理论，可能想看波伏娃的书和其他作者的相关书籍；如果对一个特定时期感兴趣，男性作家和女性作家就都不能忽视。当然，要到做了一些工作后，你才了解自己的问题是什么。所以，首先你读一些材料，然后了解自己兴趣所在。

说到早期的女性主义批评浪潮针对经典作品，是指它批评男性作家的某些作品对女性形象的可怕再现，这就与阅读策略相关。女性主义文学批评产生于文学评论者受训进行“症候阅读”之时，即倡导阅读不停留在表象，深入文本背后，寻找出真正的更复杂的涵义，这个概念来自阿尔都塞，但从那以后成为文学批评的教条。然而，丽塔·费尔斯基（Rita Felski）就批评这类无止境的“症候阅读”。比较有趣的一点是，女性主义批评家认为要研究女性作家，最终却以批评女性作家的结果收场。《性与文本的政治》回顾了关于弗吉尼亚·伍尔夫的阅读，其中提到肖沃尔特（Showalter）对伍尔夫的态度就是这样。现在我想到另一个反对“症候阅读”的原因：对于经过“症候阅读”训练的文学批评者而言——我们都是这样——很难觉得做支持性的解读是有趣的。你会批判地阅读，找到文本自我消解、自我颠覆的地方，这是方法论的运用。然而，真正的挑战在于我们如何在建构性的批评中应用这些聪明的批评才能。文学批评的目的就真是证明文本自我消解、总是有意识形态错误吗？我觉得现代文学批评就有这样的问题，许多文学批评者——无论哪个派别，如女性主义、后殖民主义——都有一种诠释疑虑，总是感觉批评家比作者知道更多，文学和电影研究得出的结论总是批评家更聪明。我现在所做的一个努力就是想说明文学阅读的方法不一定得从诠释疑虑出发，这实际上也是我写作讨论易卜生的这本书的原因。它展示了易卜生自己在作品中做了多么深刻的思考，例如，我对《罗斯莫庄》和《海上夫人》的阅读表明了它们的涵义是多么丰富，我非常敬仰易卜生。但同时也容易产生以下的一种说法：现在是 2008 年了，我们已经知道性别关系应该是怎样的。所以，要超越已经根深蒂固的诠释疑虑、走出“症候阅读”，是很有挑战性的，但我们难道就不能进行涵义丰富、批评得当又不会完全降格到为某种意识形态服务的共鸣式阅读吗？

何：很精彩的评论啊！现在我们听到一种提法叫“后女性主义”，您对这种称谓的变化有什么想法吗？一些批评家提到，处于“后女性主义”时期的当代女性主义思想没有了方向，您同意吗？在“理论之后”的时代，女性主义理论家应该怎么做呢？

莫伊：大概二十年前，1989年前后，就有人问我“后女性主义”这个问题了。我的回答是有了“后父权制”才有“后女性主义”。父权制消失了，才有“后女性主义”，因为女性主义目的就是要消除父权制，从而消除自身。我是女性主义者，是因为我并不希望女性主义有存在的必要，这是基本的辩证方法。现在，并不是世界上所有的妇女都拥有自由、平等、公平。对世界妇女状况关注越多，就越清楚这个情况。做一个女性主义者就意味着要意识到女性在社会中没有公平、平等的地位。当父权制消失，自由、平等、公平起效时，你就不需要做一个女性主义者了，然后我们才有适当的“后女性主义”，这是女性主义理想的完美境界，但我们必须怀有美好的期望。所以，我认为“后女性主义”是为了让我们忘记女性主义分析，是父权制的阴谋，为了让我们不再为女性争取权利，但我们不能这样。我相信西方和中国的许多妇女在教育、工作中有了平等的机会，事业成功，也兼顾家庭，她们有可能没有过不平等经历。对她们来说，女性主义似乎是不相关的，但如果放眼世界许多地方的妇女状况，包括在美国，不平等的状况仍然存在。例如，为何美国众议院只有大约15%的议员是女性？美国政治中的妇女都在哪里？此外，美国研究机构的教授中也只有大约15%是女性。看看数据，你就会看清问题。

何：您的著作和讲座提到了西蒙娜·德·波伏娃、朱莉·克里斯蒂娃等人，请问有没有哪一位对您的学术生涯有特别的影响呢？中国学界常将您与朱迪斯·巴特勒相比较。但您似乎与巴特勒有些理论分歧，特别是她的“性别表演性”，您在昨天的讲座中也对此做了评论。

莫伊：我在《何谓女人》一书中对朱迪斯·巴特勒有比较详细的评论。我认为巴特勒的最终目的是消除性别的刻板划分和陈规旧章。在摒弃传统的男性气质和女性气质的规定上，我们是一致的。在主体性是如何形成的这一问题上，我们意见相左，我认可完全理想主义的物质性概念，而巴特勒则认为物质性是话语的效果。在《何谓女人》这篇文章中可以找到引用部分。我认为这是对福柯的误读，不能同意。首先，我不认为女性主义理论需要一种关于物质性的理论。如果要研究物质性的理论，那也可以，不过不一定要将各种各样其他的理论都用来支撑你关于女性气质、公平等方面的理论。总的说来，我不能同意巴特勒将主体完全看作话语的效果，因为这样就很难为如何能改变性别的支配结构找到理由。巴特勒这样的女性主义——当然她有可能在做些改变——让人觉得你所能做的就是反讽式地引用和颠覆统治人们思想的女性气质和男性气质的陈词滥调，但我认为这并不能给“自由”这个概念留下什么转换的空间，而这个概念是我们都应关注的。我想我们需要谈论解放（liberation），而不仅仅是颠覆（subversion），但巴特勒对自由之类的概念只字未提。我感觉与巴特勒一道，我们被困于性别的牢房里，然后永无休止地颠覆性别的陈规旧章。巴特勒的前提建立在传统划分男性气质和女性气质的陈词滥调之上，你得从那儿开始，然后才能颠覆。我认为要理解何谓女人或何谓男人，有很多方法。巴特勒提出的“男性气质”和“女性气质”的概念实际上一开始就显得狭隘，当然她的最终目的是要去除它们，但她没有清楚地注意到它们有多复杂。这样来说吧，巴特勒以这个观念作为开始：男性气质被传统地刻板地定义下来，就和男性相关，相应的，女性气质也就和女性相关。而她认为不应该是这样的，我们应该打破这些观念。我认为她的出发点值得商榷，男人和女人应该是更开放的概念，我们必须扔掉男性气质和女性气质的说法，因为正是在定义男性气质和女性气质的过程中，我们为性别服从确立了要求。所以我们要做的是开放视野，做女人的方式有许多种，做男人的方式也有许多种。即使是现在，我们也应该更多地关注人的变化性和多样性，这也是我不能进入巴特勒发明的理论机器的原因，因为我觉得这些理论不能带来什么结果，不是没有它就不能前行。

至于说到女性主义理论丧失了方向，其实我觉得那样说对女性主义是不公平的，因为现在所有的理论都在经历着变化，并不是说有些理论就能明确自己的发展方向。我们处在后结构主义运动即将销声匿迹之时，接下来的是什么还不知道，对于所有的理论情况都是如此。所以我研究波伏娃，她不喜欢后结构主义，还有维特根斯坦（Wittgenstein）、卡维尔（Cavell）、奥斯汀（Austin），他们都不是后结构主义者，我能在他们那儿找到新的思想。

何：您研究易卜生和女性主义，那么易卜生从女性主义视角是如何被研究的呢？有没有其他的视角可以卓有成效地重新阐释易卜生和他的戏剧呢？《易卜生研究》（*Ibsen Studies*）2008 年第二期上发表了我的一篇文章，题为《易卜生的男人遭遇麻烦：男性气质和挪威的现代性》（“Ibsen's Men in Trouble：Masculinity and Norwegian Modernity”），我想听听您的意见，男性气质这个概念在解读易卜生时会很有用吗？

莫伊：我说我不同意“男性气质”和“女性气质”的概念，是指理论层面的。考察特定历史时期的男性气质和女性气质是如何被定义的是很有用的，历史和文化意义上的考察是应该的。当理论家说从男性气质和女性气质的概念出发的时候，是在尚未研究人类行为之前就预先定义了概念，这样问题就产生了。研究易卜生剧中的男性气质是很好的，因为这总是一个很有趣的概念，但难点在于，如果你在研究时，头脑中已有一个男性气质是什么的想法，然后以这个为标准，要么批评他没有达到这个标准，要么赞扬他达到了，那样的话你就变得标准化了。我所避免的就是标准化的女性气质和男性气质的概念，这和历史性地考察它们是什么的做法是不同的。对我来说，这两种做法是完全不同的。所以，我觉得你完全可以研究易卜生笔下的男性气质，他塑造的男人是非常奇特的（weird），这很明显。我的意思是易卜生笔下的“脆弱的男人”这个概念让每个人印象深刻，所以他如何刻画男人、如何理解男性气质这样的问题还有很多有趣的、有待研究的地方。我认为在这儿男性气质的概念可能会非常难，例如如果你的男性气质的概念涉及心理分析，你就会说妇女也有男性气质。如果你认可心理分析理论，这也许没问题，但接踵而至的问题是你就会给出一个很大程度上是预先定义的、有着限定性的男性气质的概念，比如弗洛伊德，他将男性气质定义为主动性，但其实一些女性是主动的也并不奇怪，这就更棘手了。但如果男性气质意味着研究男性行为的形成，我一直是赞成的。我很想知道您研究的结果。

何：我可以把文章发给你。去年我发表了另一篇文章，题为《娜拉出走后，海尔茂会怎样呢？》，也是关于男性气质的。

莫伊：那真不错，那你可以就易卜生笔下的男性气质写书了。太棒了！有此打算吗？

何：希望如此吧。我在做一些男性气质的研究，试图通过男性气质的视角，重新解读易卜生作品。

莫伊：我觉得那确实是个很好的研究项目，只是要取决于你如何做它，难点在于要避免标准化、成规化（normativity）。我不愿意规定男性气质必须是什么、不能是什么。从这点看来，男性气质这个概念很难把握，所以我更愿意谈男性（men），因为那样的话，你就不会仅因为身为男人就得遵从固定的男性气质规范。这是西蒙娜·德·波伏娃和朱迪斯·巴特勒的不同，也是我和朱迪斯·巴特勒的不同，也就是“作为自由灵活的男人和女人的概念”与“标准规约的男性气质和女性气质的概念”这两者间的不同。后者的这种情形当然就需要被颠覆了。

何：我感兴趣的是男性气质在历史和文化背景下是如何变迁的。

莫伊：我认为这样非常好。

何：在欧美，有的研究项目叫作“妇女研究”，也有叫“性别研究”。有时候我们在教科书里更愿意用“性别研究”的说法，而不用“妇女研究”，这样的名称有什么不同吗？

莫伊：在美国很多大学，两种称谓实际上指同样的研究项目，不过在杜克大学，有人还是称其为“妇女研究”，但做的研究也是“性别研究”的内容，反之也一样。改名为“性别研究”的原因是：首先，他们需要研究有关男人各种行事方式中的男性气质；第二个原因是酷儿研究的兴起，使人们可以从酷儿理论视角研究性别和性欲质素；第三个原因是这些研究机构需要研究基金，有人觉得“性别研究”这个名字比“妇女研究”获得资助的可能性更大。但有一点是，一些研究机构保留了“妇女研究”的称谓，但也做性别方面的研究。事实上，“妇女研究”和“性别研究”的研究内容在很大范围内是重合的。杜克大学的“妇女研究”实力雄厚，而且很活跃，他们也做性别研究所包含的各种内容。

何：最后一个问题：许多女性主义批评家和性别研究学者研究电影、电视，而不是文学文本。您昨天的讲座是关于女性作家，在您看来，文学文本仍应是女性主义文学批评的中心吗？

莫伊：如果你称文学批评，当然就得是文本，但如果称女性主义研究或女性主义理论，那就是另外一回事了。我很喜欢文学，因为我认为文学是看待世界的方式，是传达世界的一种图景，这与表演艺术是不同的。我的意思是，小说不同于戏剧，戏剧不同于电影。我认为有趣的问题是：不同的艺术形式各自能做什么？在我关于易卜生的书里，我感兴趣的是戏剧能做什么，就是说易卜生想用戏剧的形式表达什么，他为什么要写剧本。这也是我们拥有绘画艺术的原因，绘画和戏剧是不同的艺术形式，有各自的力量。所以我认为女性应该在任何她们喜欢的艺术形式中表达自己，不要被教条束缚。我们就生活在图像的时代，所以为什么不能研究电影、纪录片或其他什么呢？但另一方面，我们生活在这样一个充满图像的时代，也许会忘记如何阅读。新一代的学生解读电影比解读小说更在行。一方面原因是读小说要花更多的时间和耐心，但我认为保持传统的阅读习惯是很有价值的，历史自有评断，也许一百年后没有人阅读了，但我认为那样的话，人性就丧失了。所以我赞成人们用各种方式研究各种艺术形式，但就我个人而言，我自己希望保持阅读文学的兴趣，但这并不等于说我不喜欢电影或戏剧——特别是戏剧，它本身就是文学的一部分。

何： 我觉得您今天讲的内容非常重要，对于我们认识女性主义文学批评和性别研究的未来有莫大的意义。十分感谢！希望您在南京逗留愉快！

“跨文化戏剧”的理论问题

——与艾利卡·费舍尔-李希特的访谈[①]

“跨文化戏剧”自20世纪80年代以来成为国际戏剧理论界关注的热点。理查德·谢克纳(Richard Schechner)在1982年出版的著作《人文主义的终结》中谈到了美国戏剧中多种戏剧传统融合的现象。1988年德国著名戏剧专家艾利卡·费舍尔-李希特(Erika Fischer-Lichte)在德国组织召开了“戏剧:自我与他者”国际研讨会,来自欧洲、北美、亚洲和非洲的几十名戏剧专家围绕跨文化戏剧的传统、实践、交流和理论视角问题展开讨论,中国戏剧专家黄佐林、丁扬忠、于文杰应邀参与大会并发言。中国学者发言的议题包括西方戏剧在中国的改编、中国戏剧《中国梦》(孙惠柱著)文本和演出中的跨文化性等。会后出版论文集《差异的戏剧接触:戏剧、自我与他者》,该书的结尾是费舍尔-李希特撰写的论文《走向跨文化戏剧的理论》。这部论文集,尤其是费舍尔-李希特的那篇文章,对于国际和中国的跨文化戏剧讨论产生了影响。1989年,理查德·谢克纳在《跨文化戏剧的主题》一文中再次讨论了跨文化戏剧的新动向及其对戏剧潮流而言的价值。

---

① 本文为2009年教育部人文社会科学研究规划项目“跨文化戏剧:西方戏剧在中国的改编和演出研究”(艺术学,项目批准号:09YJA760018)和江苏省高校哲学社会科学重点研究基地南京大学当代外国文学与文化研究重大招标项目“文化与全球化研究”的前期研究成果。原载于《戏剧艺术》2010年第6期。

20世纪90年代初，戏剧专家帕特里斯·帕韦斯（Patrice Pavis）专门研究跨文化戏剧，出版了专著《戏剧处在文化的交叉路口》，第一次提出了一整套跨文化戏剧交流的模式，即著名的“沙漏模式”（hourglass model）。该模式详细地描述了在跨文化戏剧交流中“来源文化”如何透过社会、文化、艺术的中间环节最终影响“目标文化”的过程。帕韦斯的“沙漏模式”对于解释跨文化的一些实际运作程序起到了很好的作用，但是缺点也是显而易见的。首先，它过于强调“来源文化”对于“目标文化”的输出，容易被后殖民学者指责为带有“东方主义”的倾向。其次，它忽视了“目标文化”的能动性。1996年，帕韦斯在他编写的著作《跨文化戏剧读本》中撰写了《走向跨文化主义和戏剧的理论》一文，对他前面的模式理论加以一定的修订，但是总体上没有突破。

印度学者拉斯顿·巴鲁卡（Rustom Bharucha）在1993年出版了一部后来引起广泛讨论的跨文化戏剧理论著作《戏剧与世界——表演与文化的政治》，批评跨文化戏剧中的西方中心主义，指责西方跨文化演出对自我的关注盖过对他者文化的再现，他者不过成了自我的投射。巴鲁卡对于西方跨文化实践的批评引起人们广泛的讨论，也促使西方戏剧实践者和理论家们反思自我，开放自己的文化视野。巴鲁卡在2000年出版了又一部讨论跨文化和戏剧的理论著作《文化实践的政治——全球化时代通过戏剧来思考》，提出以国家内的跨文化（intracultural）来抵抗和消解国家间的跨文化（intercultural）。

2000年，澳大利亚戏剧专家（现在弗林德斯大学任教）朱莉·霍里琦（Julie Holledge）与人合著出版了《妇女跨文化戏剧》，该书主要讨论了亚洲和非洲女性跨文化戏剧的历史和现状，其中有一节专门讨论20世纪上半期易卜生的戏剧《玩偶之家》在中国的演出和接受情况，结合中国当时的社会变化和妇女问题简要分析了娜拉在不同时期的舞台再现以及观众的反响。2002年，雅克琳·利奥（Jacqueline Leo）和海伦·吉尔伯特（Helen Gilbert）合写了一篇重要的文章《跨文化戏剧实践之剖析》。他们在该文中针对帕韦斯的“沙漏模式”提出了一个新的跨文化戏剧交流模式，这一模式的特点是强调"来源文化"和"目标文化"的互动和互相影响，指出跨文化戏剧具有"流动""杂交"的特点。

21世纪初以来，华裔学者和国内学者也加入跨文化戏剧理论探讨当中。华裔学者田民发表英文著作《差异和错位的政治学——20世纪中西方跨文化戏剧》(香港大学出版社，2008)[①]。该书的研究方法和观点在一定程度上受谢克纳的影响，着重探讨中西方戏剧交流当中产生差异和误解的社会、文化和政治根源。宾夕法尼亚州立大学副教授黄承元(Alex Huang)从事莎士比亚在亚洲和中国的跨文化演出，出版了《中国的莎士比亚：两个世纪的文化交流》(哥伦比亚大学出版社，2009)。英国利兹大学李茹茹出版了英文著作《莎士比亚演出在中国》(香港大学出版社，2009)。国内发表的关于跨文化戏剧的论文和著作也相当多。上海戏剧学院孙惠柱所著的《谁的蝴蝶夫人——戏剧冲突与文明冲突》，讨论了西方从古希腊至今的跨文化戏剧，该书认为跨文化戏剧应包括内容和形式两个方面。[②] 南京大学刘海平、朱雪峰发表了论奥尼尔戏剧在中国改编演出的中英文文章，何成洲发表了论易卜生戏剧在中国改编演出的文章，台湾的戏剧研究专家彭镜禧等也有相关的学术成果。

近年来，国际戏剧理论界对于跨文化戏剧有不同的观点，其中艾利卡·费舍尔-李希特的一些学术观点引起较大的反响。费舍尔-李希特是最早涉足跨文化戏剧研究的西方学者之一，也是该领域里影响较大的一位。她目前是德国柏林自由大学教授、戏剧系主任，同时兼任该校国际跨文化戏剧研究中心主任。她的代表作有《欧洲戏剧史》《戏剧符号学》《表演性美学》和《戏剧、献祭和仪式》等。《表演性美学》的中文版很快会在中国出版发行。

笔者曾与艾利卡·费舍尔-李希特一起参加在欧洲和印度举办的戏剧艺术节和国际会议，同时又都是挪威奥斯陆大学"跨文化易卜生"国际研究项

---

① Tian Min, *The Politics of Difference and Displacement: Twentieth Century Chinese-Western Intercultural Theatre*, Hong Kong: Hong Kong University Press, 2008.

② 参见孙惠柱：《谁的蝴蝶夫人——戏剧冲突与文明冲突》，北京：商务印书馆，2006年，第14页。

目的核心成员。2009年8月我在德国哥廷根大学担任访问教授期间，拜访了柏林自由大学的戏剧系和国际跨文化戏剧研究中心。同时我仔细阅读了她的几本有关戏剧和跨文化戏剧研究的书和相关文章，对她的理论和观点比较了解，在不同场合与她就跨文化戏剧有过深入的交谈。我与她在认识跨文化戏剧上有一定的分歧，主要是两点。一是在看待"跨文化戏剧"的观念上，艾利卡反对使用这个概念，而我认为作为一个被广泛接受和使用的批评概念，"跨文化戏剧"比较能够得到大多数人的认可，只是我们在具体的研究当中需要做一些明晰的界定。二是艾利卡主要关注舞台上不同表演文化是如何交叉的，而我认为跨文化戏剧研究应该立足观众，尤其是在不同文化语境中的接受。比如，中国的很多跨文化改编戏剧不断被邀请赴国外演出，西方观众观看根据西方戏剧（主要包括莎士比亚、易卜生、奥尼尔的作品）的改编演出，会有着什么样的审美和情感体验？与中国观众的体验有什么不同？

通过就跨文化戏剧的一些问题与艾利卡访谈，一是希望能澄清一些概念和理论问题，二是引起大家对跨文化戏剧的关注与反思。以下是访谈的内容。

何成洲（以下简称何）：1988年，你组织了"戏剧：自我与他者"国际研讨会，当时有来自几大洲的学者参加。那次会议和后来出版的论文集对于跨文化戏剧研究产生较大的影响。你那时是怎么对"跨文化戏剧"这个课题感兴趣的？

艾利卡·费舍尔-李希特（以下简称艾利卡）：早在1985年在法兰克福（我于20世纪80年代在那里工作和生活）举办的"世界戏剧"会议期间，我有机会观看了许多"跨文化"的演出，比如铃木忠志（Suzuki Tadashi）的《特洛伊妇女》《克莱特涅斯特拉》以及《三姐妹》，罗伯特·威尔森（Robert Wilson）的膝盖戏（the knee plays），以及彼得·布鲁克（Peter Brook）的《摩诃婆罗多》。这些千差万别的演出有一个共同点，就是吸收和融合不同表演文化的元素。这些新颖的、混合不同表演文化的演出简直让我着迷，也就是从那时起，我开始对“跨文化戏剧”产生兴趣。过了一年，我被聘为拜罗伊特大学比较文学系主任。这所大学的办学历史不长，但是很有特色，比如该校当时有一个规模庞大的非洲文化研究中心，研究涉及几乎所有人文和社会科学的领域。还有就是该校的对外德语教育系与中国大学有交流和合作关系，因此校园里有不少中国学生和访问学者。

1987 年我在拜罗伊特大学就职讲演的题目是“戏剧：本土的和外来的”（该文后来收在帕特里斯·帕韦斯主编的《跨文化戏剧读本》中）。在那个时期，我以在法兰克福和其他地方观看的相关演出为基础，着手从事跨文化戏剧的研究。我几乎同时启动了三个研究课题，试图弄清欧洲、美国、亚洲和非洲的跨文化戏剧在概念上有什么不同，并寻找这些不同类型的跨文化戏剧产生和发展的具体语境和条件。研究课题之一是“尼日利亚戏剧文化转型过程研究”。这个为期三年的课题附属于非洲文化研究中心的“非洲身份”研究项目，得到德意志科研董事会的资助。研究课题之二是“当代中国戏剧的跨文化趋势”，得到德国大众基金会中国项目的资助，两位中国同行参加了这个课题，北京大学严宝瑜教授也给予了大力支持，他应邀给我的学生教了两年中国文学。研究课题之三是“外国戏剧与文化转型——远东戏剧在英国、德国、法国和俄国对欧洲先锋戏剧的影响与接受研究（1900—1935）”，该课题也得到德意志科研董事会的资助，为期四年。

这几个课题在执行过程中发表和出版了一系列的成果，包括博士后研究报告和博士生的论文。你上面提到的会议也是这些项目的一项工作。

何： 对于跨文化戏剧，你当时的主要观点是什么？

艾利卡： 我的主要观点是，自 20 世纪初以来，远东戏剧传统的一些艺术成分被西方戏剧吸纳，与此同时西方戏剧也对远东的戏剧和其他非西方戏剧产生影响，但是这种戏剧间的接触并不是出于对他者文化的兴趣，也不是希望与他者文化进行对话。换句话说，戏剧接触的动机主要不是为了实现与外界交流的目的，它的目标不是让观众走近外来的戏剧，或者熟悉他者戏剧的传统。实际情况是，他者的传统根据接收者的具体情况在不同程度上被修改。比如,在中国和日本,20 世纪初西方戏剧和现实主义表演风格被介绍进来,参与到各自国家现代性进程当中,并对推进文化现代性起到了积极的作用。在欧洲,引进中国和日本的戏剧和表演传统有助于戏剧观念的革新,当时的先锋戏剧家们对于自然主义戏剧不满,他们从东方戏剧中找到"重新戏剧化"(re-theatricalization)的灵感。那就是说,不论是西方还是东方,对他者戏剧传统加以借鉴和挪用的出发点是解决各自文化中出现的具体问题。

何:20 世纪 80 年代以来,你对于跨文化戏剧的理解有没有改变过?你后来又出版了哪些重要著作?你的著作中有没有已经被翻译成中文的?

艾利卡:自 20 世纪 80 年代以来,我在许多方面改变了对于跨文化戏剧的理解。但是我仍然认为,在 20 世纪的前期,无论在东方的中国和日本,还是欧洲,对于他者文化的兴趣主要来自要解决各自迫切问题的愿望。而在像印度和非洲的那些当时仍为殖民地的国家和地区,情况当然有所不同,西方他者的戏剧有时是强加给他们的。

今天,在后殖民和全球化的语境下,跨文化戏剧的内涵有了很大的变化。当初,跨文化戏剧有一个前提,那就是在演出中观众能够区分什么是自己文化的,什么是来自于其他文化传统的,可是现在大体上讲已经不可能了。在大多数情况下,一种全新的戏剧表演已经出现,我们不能确定哪些是"自己"的,哪些是"别人"的。有时,来自不同文化的艺术家一起工作,在他们的密切合作中,一些全新的表演样式出现了,可能是他们无法预见到的。另一种情况是,在表演中不同的戏剧传统有了深层次的互动,诞生了新的舞台形态,我认为越剧《心比天高》就是如此。这种表演创新类似霍米·芭芭所说的"第三空间"。因此,我避免使用"跨文化"这个词,而使用了一个新的提法——"表演文化交叉"(interweaving cultures in performance)。

自从 1988 年的跨文化戏剧国际会议以来,我发表了不少研究成果,绝大多数是以德文出版的。就"跨文化戏剧"而言,我在 1997 年出版的《演出与戏剧中的凝视》中有一章叫"跨越文化的戏剧"(Theatre Cross-Cultures),专门探讨跨文化戏剧的有关问题。《表演性美学》曾被翻译成日文,在日本出版,中文翻译正在进行中。不过第一章已经在《戏剧》期刊上发表了。

何:2008年你在柏林自由大学启动了国际戏剧研究项目"表演文化交叉",该项目对全球从事跨文化戏剧研究的学者开放,因而受到广泛的关注。我想,"表演文化交叉"也许代表你目前对于跨文化戏剧的新思考。能不能请你解释一下这个项目的理念?

艾利卡:在我看来,如果预设在"跨文化"演出中可以清楚地辨认每一个表演元素的文化根源,并认为可以区分"我们的"和"他们的"文化,这就意味着,文化从根本上讲是单一的、自足的。然而,至少是自现代性发生以来,文化间(包括相距遥远和差异大的文化之间)的交流从来没有停止过。因此,要想在"我们的"和"他们的"文化之间画一条明晰的线几乎是不可能的。这并不是说文化间的差异不存在,或者被抹煞了。文化间的差异是不固定的,也不是不可能改变的,而是不断有新的变化。这一点认识,在一定程度上讲,是"表演文化交叉"这个新项目的出发点。

另一个重要想法是,现代化的进程在表演艺术的发展当中起到很大的作用,意义深远。我同意社会学家艾森斯塔德(S. N. Eisenstadt)批评现代化变成西方化、强调存在着多种多样的现代性的看法。作为一个事关规范性、相对性和历史性的概念,现代性在当下是一个有争议的课题。考虑到近十年来那些不自然的、简单化的和颂扬性的现代性理论,我研究现代性的焦点是立足于多样性的观念。我们有必要首先弄清楚,在具体文化内,导演、演员、批评家和观众判断他们自己和他们的戏剧是否有现代性所依据的特定标准是什么。我个人认为,自20世纪70年代以来,表演文化的交叉既没有导致非西方表演文化的西方化,也没有导致全球戏剧表演的同一化。相反,它产生了新的、不同形式的多样化。

如我在前面所说,当今不同文化的艺术家们开展不同形式的合作。在不同表演文化的交叉当中,"外来"的艺术手法被挪用。在这个过程当中,不仅这些外来的表演元素被改变,吸收外来文化的戏剧本身也产生变化。因此,我们这个国际科研项目的一个重点就是研究在这些交叉的过程中新的表演美学是如何诞生的，并产生了哪些新的差异。

在这里，必须强调所有的表演文化交叉的过程都可以被看作政治的过程。戏剧是一种公共艺术，每一场演出同时产生一种美学和一种政治的情形。在一场演出中，有两个群体碰面并沟通他们之间的关系，那就是“表演者”和“观众”。他们的关系可能被定义为主体和客体的关系，也可以同为主体。一个群体试图将某种行为或者信念强加于另一个群体，两者可以组成一个大的社群（community）或者选择相互对立。这也就是说，一旦这两个群体内部或者他们之间爆发权力斗争，那么剧场就不仅是审美和艺术的空间，而且也成为社会甚至政治的空间。

从这个意义上讲，剧场其实扮演着社会示范的角色。剧场里发生的一切（舞台上的以及演员与观众之间的），反映、谴责或者批评社会上的某些情形，它也可能是将来情形的预期。在剧场里，新的社会生活形式首先得到预演或者试验。剧场的多种示范功能在表演文化交叉的过程中尤其引人注目。表演文化的交叉给人们体验多元文化和全球化的社会提供实践的框架。同时，表演文化的交叉产生一种新颖的戏剧美学，帮助建立和勾勒新的合作性的社会政策。此外，它还深入探讨了文化身份的“稳定化”和“去稳定化”。这里，审美和政治结合在一起。文化的全球化在全球的剧场景观中得到反映，并提前被人们体验和感受，剧场越来越在跨文化交流的框架内运作。由于这个原因，在表演文化交叉的过程中出现的新戏剧美学必须被看作一种政治进步。

何：“表演文化交叉”国际科研项目是如何组织的？目前在这个中心开展哪些科研课题？项目的目标是什么？

艾利卡：这个项目的一大特色是，吸引来自不同文化背景的学者来到一起从事共同感兴趣的研究课题。每一年可以有多达十名学者来我们中心，集中精力完成他们研究项目的最后阶段，时间从三个月到一年不等。到目前为止，来我们中心的主要是戏剧学者，分别来自中国、泰国、黎巴嫩、土耳其、伊朗、摩洛哥、尼日利亚、爱尔兰、德国、巴西、美国和澳大利亚，还有两位人类学家。每位学者带来自己关于"表演文化交叉"的研究课题,要求是他们已经完成资料收集的工作,希望来我们中心讨论和交流自己的课题,并完成写作。同时,我们会出版专题论文集,每一位学者至少贡献一章。关于目标,我们鼓励研究如何在表演中将完全不同的文化交叉,这些研究能够让我们对于表演文化的融合在不同的社会和文化里担当的角色和产生的作用进行大胆的理论假设。无疑,这些研究不仅能够极大地丰富我们对于全球化时代戏剧和表演的知识,而且能够更好地了解人类的创造性潜能。

何: 我们一起在印度新德里观看了根据易卜生《海达·高布乐》改编的越剧《心比天高》(孙惠柱、费春放著)。你是否还观看过中国其他根据西方戏剧改编的演出?你对于这些演出有什么评价?这些中国的"跨文化演出"是完全验证了你的理论假设,还是提出了挑战?

艾利卡: 除了《心比天高》,我还看过一些用中国传统戏曲形式改编西方戏剧演出的DVD,根据莎士比亚《麦克白》改编的昆剧《血手记》和根据布莱希特《四川好人》改编的同名川剧。尽管这三个戏非常不同,但从一定的理论视角来看,他们同时也具有可比性。在这些演出当中,一切的要素都经历转变。不仅文本被改编以符合不同戏曲表演程式的要求,而且这些程式本身也改变了。对于观众而言,这些改变的结果是他们几乎很难区分什么是中国的,什么是莎士比亚的、布莱希特的和易卜生的。因为他们是如此密切地交叉在一起,从而使一种全新的演出形态出现了。这事实上支持了我关于"表演文化交叉"的理论。

何: 你对西方的"跨文化戏剧"有什么看法?请举一些例子说明。另外,最近在西方有没有根据中国戏剧的改编和演出?

艾利卡: 尽管西方的多元文化在很多方面拥有共同的基础,但是每一种文化都发展出不同的"跨文化戏剧",欧洲的每一种文化都有其特殊性。当然,进一步讲,还是要问什么样的演出能够被称为"跨文化"?比如,德国导演卡琳·拜尔(Karin Baier)的莎士比亚戏剧《仲夏夜之梦》里,演员来自九个不同的欧洲国家,每一个人都使用自己的母语,演出风格也是他们各自文化中最具特色的。于是，波兰的演员体现格洛托夫斯基风格，德国的演员体现布莱希特风格，俄罗斯的演员体现斯坦尼斯拉夫斯基风格，意大利的演员体现即兴喜剧（the commedia dell'arte）风格，等等。人们很容易拿这个《仲夏夜之梦》的演出与新加坡导演王景生（Ong Keng Sen）的作品《李尔王》相比。在后者的演出中，李尔的扮演者是一位著名的日本能剧演员，李尔的女儿里根由一位来自北京的著名演员扮演，扮演高纳里尔的是一位泰国的舞蹈演员，日本新剧（Shingeki）女演员扮演傻子。除了最后这位女演员讲英语之外，其他人都讲自己的母语，运用自己文化的表演风格，但是为他们伴奏的乐师却来自不同的文化和传统。

拜尔的“跨文化”有着欧洲背景，而王景生的“跨文化”有着亚洲背景。于是，一个重要的问题是：这种分别融合欧洲或者亚洲不同表演文化和语言的演出是否被看作“跨文化”？或者，我们是否想保留这个术语，以专门指那些传统上有差别的文化间的接触？还有，在当今全球化的时代我们都分享现代性的共同基础，这样一种区分是否有意义？我们的一个想法是，可以用“表演文化交叉”这个概念来统指拜尔和王景生的作品以及越剧改编《心比天高》和铃木忠志的《特洛伊妇女》。

“跨文化戏剧”主要是那种用非西方（亚洲、非洲、拉美等）的戏剧传统上演西方戏剧文本的演出，比如阿丽安娜·姆努什金（Ariane Mnouchkine）的“莎士比亚系列”和《奥利斯提亚》、彼得·布鲁克的《摩诃婆罗多》《暴风雨》和其他作品、中国戏曲改编西方戏剧的演出、日本铃木忠志的改编。今天，大多数学者仍然用“跨文化戏剧”来指这一类的演出。与此不同，“表演文化交叉”的范围更广，可以指所有类型的戏剧文化接触。

目前，来自不同文化的艺术家之间的合作越来越司空见惯，尤其是在团体舞蹈表演当中，比如萨莎·瓦尔茨（Sasha Waltz）的现代舞团，在其他艺术种类中也很常见。在柏林的世界文化中心曾有过一次《一桌二椅》的演出，三位中国艺术家和两位德国艺术家合作，奉献了一场五人即兴表演。当然，高行健的戏剧经常在德国上演，丝毫不逊于任何其他剧作家，包括德国本土的。我相信，在未来的表演文化中，西方和非西方国家艺术家之间的合作会越来越频繁，表演文化的交叉是一个总的趋势。

何：我赞同你的一些观点，比如你认为文化全球化不仅在全球的剧场景观中有所反映，而且剧场景观往往领先实施文化的全球化，又如，你相信“表演文化的交叉”会导致各种新形式的多样化。你认为在全球化时代，所有的民族戏剧都会不可避免地“多样化”或者“杂混”吗？在中国，关于戏曲的未来存在着不同的声音：比较保守的观点认为必须保护好戏曲的传统，戏曲表演讲究“原汁原味”；相对自由的观点认为戏曲也要现代化，要吸收新的和外来的表演文化。在当下戏剧和演出的全球图景中，你对于中国戏曲在21世纪的复兴有何建议？

艾利卡：首先，我不认为所有民族和传统的戏剧会不可避免地“杂混”。在欧洲文化中，古典芭蕾是一个很好的例子。现如今，它仍与各种各样的现代舞蹈种类并驾齐驱。在日本，能剧继续它的传统，歌舞伎有时坚持传统，但也会“杂混”，比如所谓的“超级歌舞伎”。我再举一个欧洲的例子。在有些欧洲的民族文化中，歌剧院还是采用具体历史时期的服装和传统的表演风格。但是在绝大多数德国歌剧院里，甚至是一些小城市的剧院，无论是传统服装还是表演风格都不再保留了，取而代之的是各式各样的现代风格。因此，我认为在中国，传统和现代版的戏曲形式会同时存在，相安无事，各自承担自己的艺术使命，无论是文化身份、审美观念还是其他什么。总之，我认为这一切的发生会是自然而然的，不是什么“权威”能够控制和操纵得了的。在每一个地区、城市、乡镇和乡村，艺术家们和观众得相互协调，共同见证和维护这一过程。在这一过程中，有些传统戏剧形式会得到保留，有些戏剧形式会经历变化，融入新的元素。但是，即使是那些维护传统的戏剧也会不断创新，因为毕竟观众是生活在现代社会的人。总而言之，我是倡导戏剧多元化的，传统和现代并行不悖。

访谈后的问题与反思

由以上内容可以看出，艾利卡·费舍尔-李希特对于“跨文化戏剧”的批评主要有两条：一是“跨文化戏剧”有文化本质主义的嫌疑，她批评跨文化概念中对于“自我”与“他者”的区分，认为它隐含殖民主义文化二元论的遗留；二是“跨文化”比较狭隘，通常指用非西方的传统戏剧形式改编西方戏剧文本，可是当下戏剧文化的接触和交流非常多样化。费舍尔-李希特推出自己的“表演文化交叉”概念，并做了简明扼要、清楚易懂的解释。

批评“跨文化戏剧”概念的不仅有费舍尔-李希特，印度学者拉斯顿·巴鲁卡的观点更加尖锐，他认为在以往跨文化交流当中一直出现权力和资源的不对等，西方凭借现代科技、资金、市场等方面的优势，对第三世界的文化（包括戏剧传统）肆意挪用和歪曲，是一种文化“新殖民主义”[①]。一个具体的例子是，他对于彼得·布鲁克改编的印度史诗《摩诃婆罗多》进行批判，尤其不满它的文化普适性前提——“摩诃婆罗多是印度的，也是世界的”。他着力鼓吹区域内的“跨文化主义”（intraculturalism），认为“地区跨文化主义实践拥有对抗全球化和国家法西斯的力量”。[②] 他将自己改编导演的易卜生戏剧《培尔·金特》作为地区跨文化主义的典型。

费舍尔-李希特和巴鲁卡对“跨文化戏剧”的批评和质疑皆有其合理的一面，他们对于跨文化戏剧的观察和文化语境的分析有着一定的深刻性和启发意义。但是，我想强调的是，这些并不能表明“跨文化戏剧”是一个毫无价值的、过时的概念和理论。针对以上的批评，我简要谈两点。首先，如我在导言中所交代的，“跨文化戏剧”的理论一直是流动、发展和开放的。“自我”与

---

① Rustom Bharucha, *Theatre and the World: Performance and the Politics of Culture*, London and New York: Routledge, 1993.

② Rustom Bharucha, *The Politics of Cultural Practice: Thinking Through Theatre in an Age of Globalization*, Oxford: Oxford University Press, 2001.

"他者"文化的二元主义不仅是整个跨文化主义所长期警惕和反对的，而且也是跨文化戏剧领域内学者们攻击的对象，尤其体现在雅克琳·利奥和海伦·吉尔伯特等人对帕特里斯·帕韦斯提出的跨文化戏剧"沙漏模式"的批评上。其次，巴鲁卡对跨文化戏剧的激烈批评有其具体的后殖民主义语境，他提出的区域内跨文化戏剧更与印度国内宗教、种姓、民族和地区的差异及分歧有密切的关系。不过尽管如此，巴鲁卡在谈到《培尔·金特》的改编时还是指出跨文化的不可避免性，他说："如果没有培尔·金特这个人物原型，Gundegowda（印度的培尔）就不可能出现。换句话说，在这个跨文化的过程当中，易卜生的戏剧在印度内的跨文化想象当中不断引起共鸣，尽管人们也许无法从舞台场面轻易看出这一点。"[①]

跨文化戏剧不仅在实践上有了比较悠久的传统，而且学术积淀十分丰厚，作为一个观察和研究当代戏剧和文化现象的视角仍具有较大的理论和现实意义，但是如同很多后现代理论一样，这一理论也存在不少值得商榷的问题，同时费舍尔-李希特推出的"表演文化交叉"概念也颇有新意。因而，我认为针对这一话题的继续讨论很有必要。

---

① Rustom Bharucha, "Gundegowda Meets Peer Gynt: Intracultural Negotiations in Theatre", in *The Politics of Cultural Practice: Thinking Through Theatre in an Age of Globalization*, Oxford: Oxford University Press, 2001.

跨文化戏剧与表演研究

——与理查德·谢克纳的访谈[①]

理查德·谢克纳(Richard Schechner, 1934—),纽约大学Tisch艺术学院人类表演学系资深教授,《戏剧评论》(*TDR*)主编,纽约东岸艺术家项目艺术导演。1956年毕业于康奈尔大学,获英文学士学位;1958年,获依阿华大学硕士学位;1962年,获图兰大学戏剧学博士学位。谢克纳是纽约大学人类表演学系的创始人之一,《人类表演》丛书主编,《亚洲表演期刊》及《仪式研究期刊》顾问编辑。他出版、发表了大量书籍和文章,其中包括《环境戏剧》(1973)、《仪式的未来》(1993)、《人类表演学:导论》(2002)。

2010年10月,理查德·谢克纳应邀来到南京大学高研院"名家讲坛",发表了题为"'9·11'恐怖事件是先锋表演艺术吗?"的演讲,并接受了何成洲教授的访谈。

何成洲(以下简称何):非常感谢您昨晚在南京大学高研院做的精彩报告,并感谢您接受这次访谈。众所周知,您创建了人类表演学系,并培养了一批又一批该领域的学者和实践者。您甚至将权威杂志*TDR*改名为《人类表演学期刊》。请问,您为何对表演研究,而不是戏剧研究感兴趣呢?您的

① 原载于《艺术百家》2012年第2期。阚洁整理。

兴趣是如何产生的?

谢克纳(以下简称谢):在我成长的过程中,美国的政治、社会和艺术界正经历着一些变化,种种事件影响了我在脑海中形成关于人类表演学研究的思想。让我先从艺术方面说起,再谈论政治上和社会上的因素。

在那个时代,艺术家艾伦·开普罗(Allan Kaprow)认为传统的绘画都是有框架的。他的意思是说,画是可以拿走的,可以带到其他地方,它成了一份财物,可以出售。事实上,西方这个"框架"的思想起源于13世纪左右的文艺复兴时期。之前,那些有窗户的大教堂里的基督教雕刻画非常漂亮,但是没有框架,我们不能——虽然现在我们是可以的——拿走一块去卖,没有人可以把画从墙上搬走、放进画廊。因此,这就形成了财物的概念。艺术家们开始思考:为什么我们的作品要成为财物?为什么要把它们框定起来?同样,仪式表演本来是生活的一部分,后来因为被搬到舞台上也就成了戏剧。

其次,我想讲讲政治方面的原因。20世纪五六十年代,对非裔美国人的称呼总在发生变化。我小的时候,他们被叫作"negro",然后是"black",再然后就是现在的"African American"。这三个词的意思有细微的差别。其中,"negro"在意义上最接近"nigger",这是一个非常有冒犯意味的词,意为"黑鬼"。英国人曾经很喜欢这个词,常用来指代那些非欧洲的下等人。后来他们就不再用了。接着有个"黑即是美"的运动,他们就开始用"black"。然而,有些所谓的黑人甚至比我还白点儿。这是个社会称谓问题,与肤色无关。

这些非裔美国人发起了大规模的解放运动。他们或是走上街头游行示威,或是走进那些不允许黑人进入的餐馆,说:"给我来杯咖啡。"他们并不是真的想要喝杯咖啡,而是想要得到与白人同等的服务。接着他们就会被拘捕。我也同他们一起被拘捕过。这些行为,比如进餐馆点一杯咖啡,已经相当于表演了。其实没有人想要喝咖啡,我们想要的是像其他人一样的平等。因而,正如我们是在舞台上表演一般,咖啡成为一种象征,动作也有了象征意义。

最后，我简要地谈谈社会方面的因素。我有一个非常好的朋友——维克多·特纳(Victor Turner)，他是人类学家，提出了社会戏剧的思想。他认为日常生活中的冲突、决议等都有戏剧的形式。如果你们不知道这些术语，可以阅读他的著作，主要有两本。一本是《仪式过程》，1968 年出版的；另一本是《剧场、田野与隐喻》，1971 年出版。他在上述两本书中讨论了什么是社会戏剧，从他所谓的“缺口”到“危机”，到“补救行动”，再到“整合”。

综合以上各方面的原因，我认为普通的戏剧理论与我的戏剧实践难以契合。因此，我需要创建一个新的理论、一个新的学科，去适应我的审美戏剧和所有其他种类的表演。这个理论要将仪式、日常生活中的表演以及由此出发我所想到的其他表演(如商业表演、体育表演等)当作戏剧来研究，因为这些并不是戏剧，但也不是平常的生活。

何：您刚刚提到了一个非常重要的概念——仪式。您有一本著作，叫《仪式的未来》，对吧？您能再谈谈您为何对仪式感兴趣的吗？仪式如何能够应用到您的表演学研究的理论当中？

谢：我所说的仪式不单是宗教仪式。宗教仪式只是仪式的一种，就好像咖啡是饮料的一类。我对动物行为学家的工作非常感兴趣，他们研究鹅、鸟、昆虫、灵长类动物、猿等动物的行为。动物行为学有一套理论是关于仪式的，即动物仪式。你们知道蜜蜂吧？那可是一个庞大的群体，上千只的蜜蜂生活在一起，有一只蜂王和众多的工蜂。它们没有发达的大脑。一只蜜蜂飞去寻找花蜜的源头，然后飞回来。它怎样才能让其他的蜜蜂找到花朵呢？通过动物行为学家所谓的“摇尾舞”。它返回蜂窝，开始摇动尾巴，用某种方式的移动传达给其他蜜蜂这样的信息：“跟我走。”然后它飞出去，所有的蜜蜂紧跟其后，这样大家都会找到花蜜。

令动物行为学家感到有意思的是，这种舞蹈是一种象征性的行为。它并不是说有一张地图，舞蹈本身没有传达任何信息。它仅仅是释放了一种吸引力，以指引其他蜜蜂的去向。诸如昆虫和鱼之类的动物也有相似的行为。只有灵长类动物的行为与我们人类的更相似。这些行为有别于动作本身，包涵了更多的意义。

以罗马天主教堂为例。比如一玻璃杯酒，或是一小杯酒。神父说它是基督的鲜血，那么酒就不再是酒，而是血。神父也不再是神父，而是基督的手足。其实什么都没有改变，只不过现在这个行为有了象征的意义，就不再只是行为本身了。

动物的行为虽然不是宗教仪式，但也同样具有象征性，标示着动物之间的等级关系、性别分配和食物来源等等。他们有自己的交流方式，用一系列的象征行为组织他们的社会。例如，有时候灵长类动物暴露他的牙齿，显示的是他的恶意；但当他们露出牙齿而又不会咬人的时候，他表示的是友好。亚洲人总是笑不露齿，其他文化却推崇张嘴笑——而你们会认为那很没礼貌、很不友善。这些是不同的仪式行为。

仪式理论能够帮助你理解这些行为，它们同时又都是表演，比如我现在就在表演我的友好。表演就是要展现完成了的事情。不只是去做，而且要去呈现，要让其他人知道你在做。关于仪式的问题，基本上就是这些了。我有一本书叫《人类表演学：导论》，里面解释了所有这些东西，像仪式、游戏等等，还有很多图片和引用的其他人的观点。

何：人类表演学研究所关注的问题并不完全与戏剧相关。在最近几十年里，人类表演学作为一门学科已经发展至稳定，但也非常的有活力且多产。人类表演学是如何影响传统的戏剧研究的呢？

谢：我坚持认为，戏剧只是表演的一部分，而表演不仅仅局限于戏剧。我是在大的意义层面上使用“表演”一词的。我想要确保当人们研究戏剧的时候，他们会意识到他们所研究的东西只是一个更大体系中的一部分。如果你想要研究莎士比亚，我建议你去研究剧场里的莎士比亚，但我接着想让你去思考，比如莎剧中这些人物的真实生活行为会是什么样的？如果这些角色都是现实中的人物，那么他们会有什么样的行为？莎剧演出如何与社会情景联系起来？换句话说，莎剧与17世纪的英格兰有什么关系？我要求戏剧工作者去关注一台演出或者一部戏剧创作的特殊时期的社会状况。当时的社会情形是如何体现在舞台上或是剧本里的？又将如何体现在现时的社会生活中？因此，我要求人们开拓视野，而不要仅限于阅读剧本。我不仅想让你知道哈姆雷特想什么，我还想让你知道当时除丹麦之外的地方都发生了什么事——因为莎士比亚从来都没有去过丹麦。他的剧本场景设定在丹麦，但其实写的是英国，不是吗？他是利用撒克逊·格勒麦蒂克斯（Saxo Grammaticus）的名为《哈姆雷特》的拉丁文剧本。这就是人类表演学对戏剧研究的影响。

何：您在中国导演了很多经典戏剧，像《哈姆雷特》。诚如您所知，莎士比亚以及其他一些西方剧作家的戏剧在中国舞台上已经多次被改编。您认为这些西方戏剧的中国改编是跨文化吗？您认为跨文化表演的定义有说服力吗？这在中国和西方国家都是很有争议的。

谢：嗯，我认为那是跨文化表演。从某个角度来说，我们很难区分跨文化表演中的来源文化和目标文化。如果你在北京搬演《推销员之死》，那么显然你只是在演出一部有关美国社会情景的美国戏剧，而并不能亲身体验销售员的角色以及那种生活。虽然，当时中国也正开始对外开放，开始接触资本主义的经济形式，但威利·罗曼却是逐门逐户地卖东西的，这是非常典型的美国式的经商之道。

因此，当《推销员之死》在北京上演，那体现的是文化上的友好。跨文化戏剧从某种程度上说就是表达文化友谊的行为。如果你有我喜欢的东西，不管是一部戏剧也好，一曲音乐也罢，我都会去展示它，以示尊重。这通常是有纷争的两国或两个文化间的一种外交方式，他们想要更好地了解对方。他们会把自己的艺术送出国界，因为这既避免了政治上的直接交涉，也更有利于双方的理解。

北京的《推销员之死》至少让人们学到了他国的东西。当中国人去看演出，他们会说“我更加了解美国了”。另一方面，如果我去林肯中心看《牡丹亭》，我也会说“我至少更懂京剧了”。但危险依然存在，我们理解的也许会是一些陈词滥调的东西。跨文化虽然强调文化间的交流，但也难以避免全球化和文化间的不平等。

何： 中国传统戏剧舞台上有很长的易装表演的传统。如京剧中就有男扮女装，越剧的演员则全都是女性。西方戏剧中的易装情况如何？您在演出中会使用易装吗？美国的观众对易装表演的反应如何？

谢： 我写过一篇关于易装表演的文章，谈到西方戏剧中女性要扮演各种各样的角色的现象。这主要是因为进戏剧学校学习的女性越来越多，而大多数的好角色都是男性的缘故。我不清楚你们是否知道，在现实主义戏剧之前，女性在英美的舞台上也扮演过男性角色，而不仅仅在莎剧中。随着现实主义的兴起，在易卜生前后，人们才认定演员必须根据其生理性别饰演角色。之前，女性可是扮演过很多的男性角色的，男性也会扮演一些女性角色。法国芭蕾舞剧曾经三十年没有一位男演员，女性承担了所有的男女角色。原因很复杂，有好有坏，我们也不会太感兴趣。

事实上，演员与角色的性别一致是现实主义的一种机制。一旦戏剧不再遵守现实主义原则，我们也将打破这种一致性。这并不是因为同性恋文化的影响。看看对面那种印象派的东西，那就不是现实主义的。戏剧是通过易卜生的社会戏剧和斯坦尼斯拉夫斯基的表演理论而逐步形成现实主义风格的。因此，我们难以摆脱它的束缚。但我们现在却与之偏离得越来越远了，看来我们是可以摆脱的。

例如，我在上海排莎剧《哈姆雷特》时，基本上遵守了性别的一致性，但有一场的哈姆雷特是由女性饰演的。在《三姐妹》中，也有一位女性反串剧中的男性人物。我尝试过诸如此类的演出，但我不认为这是易装，我只把这当作饰演。我不认为演员的性别会决定舞台上的身份。只有当角色引起他人注意，他或她要打破性别界限的时候，易装才算真正发生。仅是演员的反串并不算是易装。

何： 研究性别表演的著名学者朱迪斯·巴特勒(Judith Butler)就举了易装的例子来证明她的理论。您怎么看她的性别理论？巴特勒的性别表演理论对表演研究有没有什么影响？

谢：我很喜欢她的著作，比如《身体的重要性》。她发展了西蒙娜·德·波伏娃的理论——“女人不是天生的，而是后天成为的”。性别是可以构建的。诚然，有些普适性的东西是我们生而有之的，但我们该如何处理它们，如何利用它们呢？打个比方，我们都给予了生理上的砖块，但我们是拿它们来砌一堵墙呢，还是修一座庙呢？还是其他？我们人类是最有建构能力的物种。鲸和海豚也都很聪明，但我们与他们还是有很大的不同。我们生来具有一个性别，但我们还能够创造一个社会性别，或其他什么社会性的东西。巴特勒也许可以说是个哲学家，但她的理论属于表演研究的一部分。我们基本上都是在做同一类事情。在《人类表演学：导论》一书中，我谈到了朱迪斯。

施清婧：我有两个问题。首先关于您的表演研究，我想现在表演研究已经非常流行了，您能预测一下它将如何发展吗？据我的印象，表演研究论及各种各样的社会情景。那么它会像社会学一样，成为另一种社会科学吗？第二，您导演过很多经典戏剧，如《哈姆雷特》，我的问题是，您为何不选择现代的戏剧呢？

谢：事实上，我也导演过很多现代戏剧。我喜欢经典的戏剧，因为它们的意义非常经典。不管是一支曲子、一尊雕像还是一部戏剧，它们都能够引起不同文化传统的共鸣，人们都能够从中找到与自身息息相关的东西。这种交流是跨文化的。

《牡丹亭》就是一个很好的例子。我猜想那应该是昆曲，也许是具体到南京本地的一出戏，但其中表达的爱情和嫉妒是跨越文化的，它的美也是无国界的。它成了一个经典。因此，我想要导演经典的东西。目前，我尤其痴迷于古希腊戏剧。它们非常的狂烈，仿佛是无意识的，世界上的其他任何戏剧都没有那种真实，所以我很喜欢。其中也不乏一些很恐怖的戏。或者是弑父，与母亲上床；或者是丈夫杀死了女儿，妻子再谋杀丈夫。非常糟糕的家庭关系，但也多少反映了现实中的那些不伦。我做莎士比亚的戏剧，因为我不知道还有谁比他更好了。有些戏剧也许在某方面能与莎剧媲美，但是莎剧在诗歌、情节和人物的多样性等等方面都是他们无法企及的。莎士比亚虽然是用英语写作，但他的戏却传到了世界各地，不管在什么地方都很受欢迎。德国人甚至都把莎士比亚当作自己人了。

至于表演研究的未来，我当然是希望它能够发展壮大，毕竟我是它的创始人之一，也是主要的创始人。我的思想在某些方面与社会科学、古典美学有相通之处。我的《在戏剧与人类学之间》这本书就深受特纳、戈夫曼(Goffman)等人在社会学方面的影响。我同时也对美学、哲学等感兴趣。我也阅读一些中国的表演理论。目前，我在纽约大学教授一门课程，叫“表演理论比较研究：实践、拉莎、气、哈纳”，对比古希腊、印度、中国和日本的表演理论。我的研究兴趣很广泛。可能研究得不是很深入，但我所做的比较研究是别人做不了的。我认为表演研究会继续发展，因为人们已经渐渐意识到表演和表演性了。

一百五十年前，人类学这门学科还不存在。西方的大学最初就只有四门学科——哲学、医学、法律和神学。现在，我都不知道究竟有多少门类了。因此，我肯定表演研究这门学科也能够发展下去。在这里，我要吹嘘一下了。美国政府做了一项调查，统计所有不同学科领域中最优秀的博士生培养项目。我所在的戏剧和表演研究系位列第一，该系在纽约大学也是排在第一位的。

何：以后，表演研究会进入像英文研究这样的学科吗？

谢：我认为会的。表演研究与所谓的文化研究非常相似。这种思维方式很吸引人。是的，表演研究会渗入到其他学科中去。至于它是否能成为社会学一般的学科，我就不敢说了。我们拭目以待吧！现在的表演研究系比五年前多得多了，数目还有望增加，但不知道会增加多少。

陈琳：您刚刚提到您如何从20世纪60年代开始从事人类表演学研究。我想知道，您是否暗示着后现代社会比以往的时代更具表演性呢？奥斯卡·王尔德(Oscar Wilde)在其一生中就是一位伟大的表演家，但很少有人从表演性的角度去研究他。

谢：是的。对于奥斯卡·王尔德，从某种程度上说，人们对他的表演或多或少只是一笑置之，并因为他是同性恋而远离回避他。在我的书中，我详细阐述了“存在”（being）、“行动”（doing）、“表演”（performing）和“表演研究”（studying performance）的区别。我简要地解释一下。所有存在的东西都是“存在”，那是整个宇宙。“行动”是存在中的运动状态。而“表演”是有意识地去行动。因此，如果我只是走出这扇门，我并不是在表演。但如果我说“我要走出这扇门了”，并能意识到自己正在走出这扇门，那么我就是在表演。“表演研究”则是研究这种表演的。

我想说，在人类历史和文化发展的很多时期，人类都是在表演着现实。事实上，法国的国王、你们的皇帝和他们的皇亲国戚也都无时无刻不在表演他们的地位。但是，却没有人从学术的视角来研究这些表演。虽然有人注意到了这种现象，也就此写过一点东西，但都不是用我们研究物理、英语语法等的那种方式。因此，我的表演理论是相对比较新的，目前为止还没有发现其他系统性的表演研究。

何：理查德，非常感谢您和我们分享有关戏剧和表演的渊博知识！

谢：非常感谢！我很喜欢与你们互动。我衷心地希望以后不管是在纽约、这里还是其他地方，我们都能够再见！

中国文学走向世界的路还很长

——毕飞宇对话何碧玉[1]

何碧玉(Isabelle Rabut),法国著名汉学家和翻译家,巴黎东方语言文化学院(INALCO)中文系教授。翻译的主要作品有余华《兄弟》(2008)、毕飞宇《雨天的棉花糖》(2004)、池莉《上海的狐步舞》(2000)、巴金《灭亡》(1995)、沈从文《边城》(1990)等,这些译作部分由何碧玉单独翻译,部分是与同样身为汉学家的丈夫安必诺(Angel Pino)合译而成。

毕飞宇,1964年生于江苏兴化,著名作家,南京大学教授,江苏省作家协会副主席。代表作品有《推拿》(2011)、《玉米》(2008)、《平原》(2005)、《青衣》(2000)、《雨天的棉花糖》(1994)等。毕飞宇曾获得茅盾文学奖等多个奖项,其作品被翻译成多国文字在世界各地出版发行。

2011年4月20日晚,应南京大学人文社会科学高级研究院和法语系的邀约,何碧玉和毕飞宇做了近两个小时的对谈。此次对谈的主持人是中国翻译协会常务副会长、南京大学法语系的许钧教授。

---

① 原载于《经济观察报》2011年5月23号。黄荭整理。

一、中国文学丛书主编的那些事儿

何碧玉：我第一次见到毕飞宇是在2004年的巴黎书展上。今天是第二次。这次来到南京，看到秦淮河、明城墙，我马上就想起了你的短篇小说《是谁在深夜说话》。我没有翻译这篇小说，但是我非常喜欢。

我想先介绍一下我作为一个中国文学丛书主编而非一位译者的经验。我是法国苏德出版社（Actes Sud）中国文学丛书的主编。这是一家中等规模的出版社。他们的中国文学丛书于1985年、1986年左右创办，我于1997年接任主编。我最早出版的书大概是余华的《许三观卖血记》和池莉的《烦恼人生》。此后我们继续出版了很多余华、池莉还有毕飞宇的作品。

我的工作可具体分为几个不同阶段。第一个阶段当然是寻找作品翻译。二十年前我们只有一个办法，那就是自己找或者通过别人推荐。一般情况下是通过汉学家推荐，或中国学生和中国同事推荐。有时候我自己读了一部作品，觉得很好，就一定要翻译出来。（对毕飞宇）我们翻译你的《雨天的棉花糖》就是这样的情况。第一个向我推荐你作品的人是池莉。当时我家有一本你的中篇小说集，但我还没时间看。她向我推荐你的作品之后，我就开始很仔细地看这本书。一读就觉得你写得太美了，于是决定要译过来。不仅要译，而且要亲自译，我不想让别人来翻译（笑声）。现在回想起来，要不是当初我自己读了这部作品，我想没有代理人会推荐它。不是因为它不好，而是因为这是一部你比较早期的作品。代理人可能倾向于推荐一些新作。

毕飞宇：那个时候还没有代理人吧？

何碧玉：不不，我是说如果当时我没有读到你的这部作品，现在的代理人可能不会去找这样一部你年轻时候的作品。我之所以这么说是想强调一件事：自己的阅读经验是不可代替的。

代理人是现在找作品翻译的另一个渠道。二十年前没有代理人，情况很简单。当时中国没有加入《世界版权公约》，所以你想翻译一部文学作品没有任何问题。你不用去找作者，不用跟他签合同就可以随便翻译出版。后来我们开始和作者签合同。再晚一点，代理人出现了。有时候有些代理人会向我们荐书。我觉得那些代理人有一个很奇怪的特点：他们往往不懂中文，可是他们会告诉你这是一部非常好的作品。有一次，一个代理人来找我们，说："这部作品一定会成为畅销书。我们已经跟很多国家签了合同，有西班牙、英国等等十几个国家。"这是个美国代理人，他说："我自己不懂中文，可是据我所知这本书写得很好，我保证这是一部很有诗意的作品。如果你们翻译出版这部作品肯定会很轰动，就跟卫慧的《上海宝贝》差不多！""如果你们以后要请作者来法国，他肯定会很受媒体追捧。"他们不懂中文，却向你保证这是一部非译不可的好作品！

第二个阶段是找人翻译。这很不容易，因为我们人力不足。虽然法国是一个翻译中国作品比较多的国家，但我们还是缺译者，尤其是优秀的译者。

第三个阶段是校对和修改。

第四个阶段是写封底上的书籍介绍，这也是我工作的一部分。

书籍出版之后我的工作还没完。我还要给记者和推销员写一份该书的宣传文案，这是第五个阶段。此后，如果作者本人来法国接受媒体采访，我还要陪同他做随行翻译。如果作者不能来，有时候我会自己去参加广播节目介绍这本书。我的工作基本上就是这样。

二、作者和译者之间的"爱情"

毕飞宇：上次在巴黎跟你见面之后，第二年我又去了一趟法国。之所以一直没告诉你是因为我去之前没给你写信。我去的是圣马洛(Saint-Malo)。当天在那儿做两场演讲。演讲结束，恰好苏德出版社在会场里也有一个小摊位，出版社一位四十来岁的男士请我去签售，才签了十本，书就没了。那位男士抓住我，找来一位翻译告诉我说，实在对不起，他没有做好准备，怎么也没有想到书会那么畅销，竟然卖掉了十本(笑声)！他觉得很抱歉，为了表达歉意，他请我喝了杯咖啡。我告诉你这个故事是想说，虽然从整体来说《雨天的棉花糖》未必卖得非常好，但是那天还是很丰收的（笑声）！

许多朋友都跟我谈起《雨天的棉花糖》的翻译很好。说起翻译，我和别的作者一样，也会关心翻译的语言好不好。谈起语言，我就特别想和你聊。我和另一位法文翻译克洛德·巴彦（Claude Payen）聊过，也和英文翻译葛浩文（Howard Goldblatt）聊过。我发现每一个翻译进入小说的方式是非常不一样的，所以我特别想知道你是如何翻译我的作品的。打个比方，我的小说就是铁轨，你就是火车，“咣叽咣叽”沿着我这个铁轨往前开。这也许是一种翻译方法。还有一种是我猜想的翻译方法：译者将一部作品读得非常熟悉，然后去寻找一个调子，或者说一种风格，或者说一个节奏。找到之后，译者并不把自己当成一列火车，并不把原作当成一条铁轨。原作很可能是一条公路，翻译家很可能是一辆汽车，他不会突围太多，但他在这个框架内有很大的自由，他打着方向盘，左拐一下，右拐一下。所以我很想知道你属于哪一种，火车还是汽车（笑声）？或者说你更喜欢哪一种？

何碧玉：我想我肯定是汽车。因为在翻译一部作品的时候，我要译出作者独一无二的声音。

毕飞宇：我有一个观点，许钧教授知道，我始终认为翻译就是写作。只不过这种写作未必那么天马行空。你梳理了一遍，我再梳理一遍。

何碧玉：是这样的，你说的很对。

毕飞宇：你刚才跟我说，现在可能是许许多多的代理人找到你，然后和出版社商量。你更多的是采取哪种翻译模式呢？是自己寻找作品翻译，还是接受经纪人的推荐？

何碧玉：我继续阅读很多作品。我翻译的或者让别人翻译的作品也都是我自己看过的，我不会随便听信别人的推荐。

毕飞宇：就这个问题我想谈谈我的看法。我把翻译家的基本态势分为两种情况。一种是“一见钟情”，还有一种叫“非诚勿扰”。要问我是一见钟情好还是非诚勿扰好，我真的很纠结。我首先告诉你一见钟情的好处。

（对何碧玉）我相信我们是“一见钟情”：在没有外在压力的情况下，我的作品有幸到了你的手上，你觉得很好、挺喜欢，于是你把心血投入进去。从我一个写作者的角度来说，我渴望这样的情况发生，时刻渴望这样的情况发生。如果有一天我能在世界各个国家都碰上这样一见钟情的译者，我可以幸福得去死。许钧教授有一句话：“遇上一个好的翻译是人生当中最大的‘艳遇’”。

下面我来讲讲第二种情况。你刚才说到经纪人的事情。我现在的经纪人在英国，他会说七种语言，唯独不会汉语。所以他只能靠别人给他推荐，然后再去联系出版社，和翻译家联系，找有时间的翻译家来译，之后通过媒体来做宣传。（这种情况下）也挺好，某种程度上可能比第一种情况更好。所以你要问我喜欢哪一种，我也很难抉择，我觉得在这件事情上充分体现出了人的贪婪：既渴望作品被翻译得非常美妙、迷人，同时又渴望它能有更开阔的世界。

何碧玉：嗯，那当然！

毕飞宇：所以我自己也不知道哪种情况更好。不过似乎不管外界怎么样，你一直都是坚持亲自阅读作品。

何碧玉：是的。经纪人制度的坏处在于现在很多出版社在购买一本书的版权时可能根本不知道这本书讲的是什么。在苏德出版社不会有这样的情况出现，阅读作品是我工作的一部分。并不是我决定要不要出版一本书，而是上面的人决定。可是他们凭什么决定呢？是通过我给他们写的书介。我要告诉他们这本书说了一个什么样的故事，为什么一定要翻译这部作品。我一定要把理由告诉他们，他们不会盲目地购买一部作品。可是并非每个出版社都有我这样的顾问。有些出版社没有懂中文的顾问，所以他们听到代理人说“这是一部畅销书”，可能就会马上购买版权。

三、书的命运和麦子问题

毕飞宇：说到这里我想起了你刚才提到的一个话题。之前你跟大家介绍说，出版社会询问中国学生对一部中文作品的意见。比方说我的书到了你们出版社，有些工作人员汉语不是很好，对这本书也没有太多的把握，正好这个时候有一个中国留学生在出版社实习，于是他们就找这个留学生写一份读书报告……

何碧玉：这种情况经常发生。

毕飞宇：经常发生？

何碧玉：对，对。

毕飞宇：然后留学生会写一个读书报告，这篇读书报告就决定了这部书的命运？

何碧玉：对。比如色伊出版社（Seuil）没有中国丛书主编，所以他们有时候会找中国学生给他们写读书报告。

毕飞宇：何碧玉老师已经证实这种情况是有的。我坚信在座的许多同学有机会到欧美留学，尤其是到法国。在留学过程中你们很可能会和出版社有联系。当有出版社问你们一本书怎么样的时候，我建议你们一定要慎重。你首先要问问自己，不是问自己法语好不好，而是问你对中国文学的感受力如何。如果你的感受力比较好，你比较有把握，那你就把你的见解告诉别人。如果你没有把握，你千万不要不懂装懂，胡说八道。

（对何碧玉）我讲个故事给你听。有个小姑娘在巴黎读书时认识了克洛德·巴彦，当时克洛德·巴彦正在翻译我的《平原》。巴彦的汉语还不错，可是他认为我的普通话很糟糕，他说“我听不懂”，所以他不愿意给我打电话（笑声）。所以每次那个小姑娘到他家的时候他就让小姑娘给我打电话。我问小姑娘都做些什么，她说：“我在这儿给巴彦先生做一些有关汉语、中国文学和中国文化的参谋。”我接着问她：“那你今天想知道些什么呢？”她说："您的小说里有一句话我不太懂。"我在小说开头的时候说农民非常辛苦，每件事情都要亲力亲为，然后才能有饭吃。小说里有这样一个句子："麦子不会像跳蚤那样自己蹦到饭碗里去。"巴彦理解这句话有些困难，所以就让女同学来问我。她就问："毕老师，什么是麦子？"这个问题问得太深奥了，这还真不好讲（笑）！我问小姑娘，你是哪里人，她说是上海人。我就说，麦子就是地上长出来的一种植物，这种植物的种子可以吃，它很小，但是比跳蚤大一些。小姑娘又问："那这种植物是做什么用的呢？"我说可以做成面包。"噢，面包就是用麦子做的！"我说不是，是这样的，要先把麦子磨碎成白色的粉末，这个粉末就是面。她说："面是什么？"我就着急了。幸亏这个女孩儿来自上海。如果她来自我们南京大学，我当天可能就要跳楼（笑声）！我想说什么呢？如果你自己的生活经验离作品比较远，你最好不要去揽活儿，要不然，你会把翻译的状况拉进一个非常可怕的死胡同。我和巴彦到底还是吵架了。没过几天，（南大法语系的学生）孔潛又给我来电话，她也真是为难，两个老头子吵架，她夹在中间。我跟孔潛抱怨说，巴彦这个人怎么搞的，挺好的一个人，怎么那么固执！孔潛说，毕老师，巴彦在家里也经常"夸"你，说你什么都好，就是有一个地方不好，你比他还固执（笑声）！

四、文化不是问题，态度是问题

毕飞宇：翻译过程中，哪些地方占用你的精力比较多？

何碧玉：这个很难说。我觉得有关文化的问题不是一个很大的问题，因为你可以找人给你解释。我觉得最难的是翻译的节奏和音乐感。我在语言学院工作，有很多同事和朋友，我知道在什么情况下要找什么人帮忙。比如我有一个同事，她年轻的时候在中国生活过，还赶上"文化大革命"，所以她对"文革"期间的事情非常了解，如果我碰到这样的问题，我就会马上去找她，而不是去找一个三十多岁的年轻人，所以关键问题在于要找对人。巴黎有很多中国人，肯定有对的人。如果我翻译台湾作家朱天文的作品，遇到问题我就会去请教一位精通中国古典文学的专家，因为我知道朱天文古典文学功底很好。

毕飞宇：其实我特别愿意给你简单介绍一下中国的翻译状况。中国现在的翻译状况非常不好。我在同学们这个年纪的时候能读到的书很少，那个时候我们所能读到的西方文学作品都是“五四”以后那一批老的知识分子译的书。直到20世纪80年代，我们中国学生阅读文学作品用的还是那些从“五四”以后到1949年之前的老译本，包括朱生豪、傅雷等等。那么为什么到了20世纪90年代，尤其是到了21世纪以后情况变糟糕了呢？这是因为中国现在的中学教育中片面强调数理化的教育，造成中学生的语文水平大幅度下降。这就导致外语好的学生母语不好。（对在座听众）我不知道这个问题在你们身上体现得怎么样，反正在我儿子身上已经出现了。我儿子现在看到我和外国人的英语信件就会笑着说“这太简单了”。我说那你说给我听听。这个时候他就找不到一个恰当的中文表达了。英文信件他一看就明白，但是当我要求他用汉语转述的时候他就说不出来。所以现在中国图书市场上有不少糟糕的翻译作品。

我想知道法国是否存在这样的情况，法国在中学教育阶段对法文的练习跟你们那一代相比是好些还是差些？

何碧玉：也有语言水平退化的现象。年轻人比较喜欢玩电脑，用奇怪的方式写短信，他们的语言能力也可能有这个倾向。我是法文系毕业生，我本来不是汉学家。我原本学的是法国文学。你说得很对，译者最重要的是要有一个很好的母语水平，比外语水平重要多了。

毕飞宇：大概在十几年前，许钧教授正翻译《桤木王》，有一天夜里，十二点左右，我家电话响了，是许教授打来的。在一个句子里，其中有一个关键词，大概有三个左右的词可以供他选择，他推敲到最后自己也困了，没把握了，于是给我打了电话，我不了解语境，只靠直觉给了他一个选择。我的选择是不是好？不重要，这不是我的重点。重点是什么呢？你们得用这样的态度去面对文学，去面对每一个词。你得把每一词当成自己的一滴血，你不能噼里啪啦地糊弄过去。你必须让语言和你构成亲缘关系。天下没有一个词是好的,没有一个词是坏的。记得我读中学的时候,老师经常对我们讲,这是贬义词,这是褒义词,褒义词是好词,贬义词是坏词,太糟糕了。哪里有坏词?"他妈的"都可以金光闪闪。语言是一种关系,看你如何配,就像男和女,配好了就精彩。

五、中国文学走出去?

何碧玉: 我最近参加了一个讨论会,也是讨论有关翻译的问题,我写了一篇文章。为了写这篇文章,我看了很多封底介绍,觉得很有意思。我说我的两点体会:第一是在 20 世纪 80 年代初,法国不太了解中国作家,他们比较想了解的是作品的文献价值。我举个例子,苏德出版社在 1986 年出版了一本张辛欣的书,丛书主编在封底这样写道:"中国正在变,所有在中国旅游的人都承认,但中国还有许多不为我们所熟知的东西。这就意味着,撇开文学价值,张辛欣的小说可以帮我们回答很多我们不能回答的关于中国的问题。"对当时的出版社而言,这本小说的首要价值就是文献价值,读者可以通过这部作品更好地了解中国。当然从 20 世纪 90 年代开始,情况有了一些变化,一些作家开始有名气,像莫言。

有一些奇怪的现象,我发现主要是在比基埃出版社(Picquier),读他们的书根本不知道中国作家是谁。一句介绍都没有。比如说他们 1992 年出版的王朔的《一半是火焰,一半是海水》(Feu et Glace),看封四的介绍感觉作者并不存在:"我们在看这本小说的时候就明白今天的中国不再是当年革命的中国。"陆文夫的《美食家》是 1988 年出版的,我看得很仔细,如果就看封面你根本不知道陆文夫是谁,是男是女,多大岁数,是哪儿的人。封底介绍说通过这部小说可以发现中国传统烹调艺术、中国美食诸如此类。直到他发表第二部作品的时候,我们才知道陆文夫是谁,才发现他是苏州人。我们很好奇为什么会有这样的现象:出版社推出一部中国作品,但是读者没办法知道原作者是谁。

毕飞宇：但是到目前为止，《美食家》是极为成功的一本书，到现在还在卖。

何碧玉：仿佛出版社对作家不感兴趣，但对书很感兴趣，对书的故事很感兴趣。还有一个很有意思的情况：有些书的介绍就专门拿“被禁”说事儿。法国有一个传统，可能是从18世纪伏尔泰的时候开始的，就是一个知识分子，一个法国的知识分子，应该对政府有反对和批评的意识。既然作家也属于知识分子，他们也应该有这个态度。一看一部作品被禁止，法国出版社就马上来了兴趣，尤其是记者。既然这本书被禁，那一定是本值得译介的书。但是我觉得他们不应该集中在这个现象，因为一部文学作品的价值不能依附于别的东西。

毕飞宇：你在说这个话题的时候，我内心是有感触的。我想起了卡尔·马克思的一句话：“中世纪是没有哲学的，中世纪的哲学只是神学的婢女。”我为什么会突然想起这句呢？当代中国文学真的是有依附的。我想说的是，放在世界范畴来看，我认为中国文学依然弱势、不对等。前些日子我在香港得了一个奖，在领奖之后的几天里，我被西方记者问得最多的一个问题是：中国的文学是不是已经走向世界了？我说还没有。西方对中国的文学有兴趣，这是事实。以我的浅见，其实这里面有其他原因的。第一，西方的读者，尤其是媒体，过分地渴望中国的作家身上有持不同政见者的身份。第二，这在文学里体现得不是很充分，体现得最充分的是张艺谋的电影。张艺谋用他天才的想象力发明了一些中国文化，出于文化的好奇，一些人开始关注“张艺谋式”的中国。第三，就是中国式的性，中国人如何面对性，中国人如何实践性。

小说家离开不了政治，这个没有一点疑问，但是，政治里的文学和文学里的政治不是一回事。文学理当比政治更宽、更自由。我关心政治，可是，我首先是一个小说家，如果你仅仅因为政治来关注我，我是不满足的，小说有小说的美学，小说有小说的学术，小说也有小说的标准。我渴望的情景是这样的，你对中国文学感兴趣，对中国小说感兴趣，对中国小说美学感兴趣，同时，你对中国作家的思想、政治主张感兴趣，只有这样才是完整的。被看作一个好作家，这样的虚荣心我还没有泯灭。我想说的是，如果有一天，中国的艺术家不局限于他的主张而伴随着优秀的作品，那才是真的走向世界。

何碧玉：我完全同意你的看法。

中国，一种新的现代性

——与斯科特·拉什的访谈[①]

斯科特·拉什(Scott Lash)，英国伦敦大学哥德史密斯学院(Goldsmiths College)社会学教授暨文化研究中心主任。曾任教于英国兰开斯特大学，1998年至今在伦敦大学哥德史密斯学院执教。研究领域包括社会学、现代哲学、文化研究、身份认同、现代性等，著作有《组织化资本主义的终结》《韦伯，理性和现代性》《后现代主义社会学》《现代性和身份》《全球现代性》《风险、环境和现代性》《去传统化》《时间与价值》《另一种现代性，另一种理性》《符号经济与空间经济》等。

2011年4月，斯科特·拉什在南京大学高研院接受专访。

记者： 请问这是您第几次来中国？

拉什： 这是我第二十五次来中国。我自2003年1月第一次来，到现在每年都来中国三次。我觉得中国非常有意思。

记者： 您能概括一下您来中国的目的和所做的事情吗？

拉什： 我是英国伦敦大学文化研究中心主任，这是一个很大的文化研究机构，从英国一个关于"世界经济和金融"的项目中争取到一百万美元的研

① 原载于《中华读书报》2011年6月1日。胡可整理。

究基金。1984年我开始研究未来全球经济和社会，1987年我写了《组织化资本主义的终结》，现在集中研究中国，因为中国处于全球经济中心的地位。我现在所做的研究都和“future”(将来)有关，也就是研究全球经济与社会的未来。

记者：您对中国学者的感受和评价是什么？

拉什：对我影响最大的中国学者是汪晖和崔志远。汪晖写了一本很宏大的巨著《现代中国思想的兴起》。我虽然不能读原著，但我读了这本书的英文翻译。他的著作有很多历史的东西：宋、元、明、清、新儒教、中国模式和现代性等等。曾经西方的理论家认为中国不会有现代性，因为中国受“帝国”文化的影响太深，阻碍了其发展出现代性。但是汪晖认为中国有一种自己特殊的“东方现代性模式”。

我认为，从孔子儒家思想到新儒家思想，核心是“关系化”，区别于西方的“个体化”。从这个角度看中国经济行为，人们的交易关系会保持为一种“长期人际关系”。中国的合同与西方的合同是不一样的概念：中国的一次合作结束后人们仍然会保持“关系”，而西方的一个合作结束后就终止关系了。

还有一个概念——“产权”，中西方在这个概念上的差异也很大。崔志远曾经写文章阐述过“产权”这个概念。

记者：请问您对中国当下的发展和现状有什么感受和评价？

拉什：今年中国的消费增长势头非常强劲。以往可能徘徊于3%、2%，今年居然达到18%。中国是一个非常有意思的国家，有很多投资的可能性，国家也在大力进行基础设施建设，比如上海、北京的地铁、高铁的修建。我这次从武汉坐高铁到南京只要三个小时，非常不错！我两个月前在印度，印度也是发展很快，但是基础设施建设不多。因此我觉得中国的基础设施建设非常好！

我认为中国的基础设施建设有很悠久的传统，不仅从1949年中华人民共和国成立后或者1978年改革开放后，我们甚至可以追溯到隋朝的大运河开凿。这可以算得上中国的特色吧。

记者：您喜欢中国吗？

拉什：我不是“中国通”，但我是中国的好朋友！

记者：您之前的研究主要以西方为主，是什么样的契机让您突然转向关注中国？

拉什：从 2002 年、2003 年，西方渐渐意识到中国的崛起。当然早在 1979 年中国就已经逐步快速发展了，但那个时候西方还没意识到。虽然我二十五年来一直致力于研究文化、经济的全球化，但在 2002 年的时候，我意识到全球化的中心是在中国，所以我开始学习中文。在了解中国的过程中，我看到“中国模式”与“西方模式”有很大不同。很幸运，我的文化研究中心参与了“风险文化研究”课题，这使得我更加关注中国。

记者：请问您对中国的了解是经由西方媒体的报道还是有别的途径？

拉什：八九年前当我开始研究中国的时候，并不仅仅依靠西方媒体的介绍，也有我朋友的大力推荐，以及中国本身显示出的欣欣向荣和巨大的发展潜力。我的朋友——央视大楼设计师雷姆·库哈斯告诉我中国有太多精彩的东西可以挖掘，不仅仅是在艺术、建筑、设计领域。我有很多中国朋友，包括设计师、杂志人、艺术家、建筑家。他们很多都是《周末画报》的供稿人，比如北京的欧宁。我也给《周末画报》写过文章。

记者：中国学者汪晖认为，“韦伯命题”及韦伯的“中国命题”因其具有过分鲜明的西方特性而难以解释中国经验，因此提出了“多元现代性”的命题和“回到中国自身”的方法。您是如何看待这个问题的？

拉什：首先，汪晖在这个问题的看法上对我启发很大。我和他合作写过一些关于新现代性的书。我正在写作的新书《全球化的兴起》中除了研究印度和非洲的新现代性，也包括中国。其中，我对韦伯的理论做了一些改进。我想从当下几个新兴国家的文化中分析出不同的资本主义文化逻辑。一百年前，韦伯针对当时的资本主义文化有很精准的分析。但在今天，韦伯的理论就不一定正确了，因为世界时刻在变化着。

记者：这是否意味着有多种现代性的存在？

拉什： 是的，的确存在多种现代性。十几年前，我并不认为这是一个有意思的问题，但现在，随着印度和中国的发展，这个问题变得很有研究价值。“新现代性”很难定义。很多西方学者认为，只有当公民社会制度化，人权和法制健全后，才能达到现代性。但我并不完全赞同。如果你问英国人什么是“现代”，他们肯定不会说波兰，而会说上海！英国有一档喜剧电视节目，里面有一个很贪睡的家伙，戴着一副太阳镜，他每天将自己的股票放到上海证券交易所投资。这个节目很有象征意义，它告诉观众：如果你想感受“现代”，就到上海炒股吧。印度的孟买也是如此。

现代性不仅仅是一个关于“金钱”的问题，它还具有“惊人的开放性和可能性”。它能够让人们做很多有意思的事情——办杂志，设计非同寻常的建筑，举办各种前卫的艺术展览等等。

还有，你问题的第二个部分是关于自然和社会关系的。的确，现代性的发展给自然造成了一些负面影响，也造成了社会的发展不平衡。中国也面临同样的问题。现在中国开始重视保护底层人们的利益。在这方面中国比印度和巴西做得好。当中国的“单位”体制渐渐消失，需要有其他的体制来保护人们的利益，比如地方政府、城市和国家政府。

说到环境和污染，我觉得中国的天津和重庆污染比较严重。我过去以为中国人不在意这个问题，但后来发现他们其实是在意的。我去过扬州，那里很美。也去过湖南和武汉，这些城市都有美丽的河流环绕。这些美好的城市环境对中国人十分重要。现在中国经济发展非常迅速，增长速度已经达到12%，但我觉得7%或者8%的速度就已经很好了，因为我们可以把更多注意力转移到环境保护上。

记者： 在反思西方现代性方面，不知道您对现代性的前景如何预期的？乐观还是悲观？

拉什： 西方的现代性，包括韦伯的现代性命题，存在一个底层的自然和一个高高在上的上帝。一方面，西方在发展现代性的时候，忽视了经济发展与自然和谐并存的重要性；另一方面，西方思想观念中看重“个人主义”，忽视“关系化”。中国人看重伦理和道德的关系，如父母和子女、丈夫和妻子的关系等。这值得西方学习，甚至可以将其运用在经济事务中，使得合作双方形成友好的“长期关系”，甚至可以分享产权。如果西方能够多学习东方的文化和思想，我对西方现代性的预期将会更加乐观。

记者： 您如何评价中国的儒家文化在现代化进程中的地位和作用？

拉什： 我非常喜欢儒家文化。儒家文化中有很多重要的思想，如“家庭观”，如风险文化中“风险分摊”的概念等。儒家文化在当代表现为人与人之间的友情。但同时，我们也需要“个人主义”或“个性化”的理念去创造新事物。现在，中国在艺术、建筑领域非常具有创造性，涌现出了很多世界知名的艺术家。但在学术领域，创新的步伐还有些缓慢。不过，现在新一代的年轻人很优秀，在某些方面超越了他们的父辈。

记者： 从世界历史的角度看，全球化是人类发展的一个新阶段，是我们这一时代的重要特征，因此引起了世界各国学者的普遍关注，成为人文社会科学的热点领域。您提出“新全球化”概念，这与以往的全球化有什么不同？

拉什： 我的论点来源于学术界对“全球化”的讨论。从20世纪90年代开始，全球化成为主流学界研究的一个焦点。但在此以前，政界就开始了全球化的讨论。当时，东西方出现了多元化“国家模式”。中国20世纪80年代大力进行改革，在美国，里根也有一系列改革，这些都推动了全球化进程和全球化模式的形成。此后的二十多年来，学界研究和讨论的是传统的全球化概念。

“新全球化”的产生，准确来说是在2008年全球经济金融危机之后，西方很多大银行纷纷倒闭，一些主权国家面临债务危机。中国等新兴国家帮助受金融危机冲击的国家渡过难关。所以“新全球化”是在中国、印度、巴西、中东和俄罗斯等国家的带动下形成的。这是与过去完全不一样的全球化模式。

记者： 新全球化形成的原因是？

拉什： 新全球化的产生，部分是受资源需求的驱动，如石油、矿产。中国的快速发展使得它成为一个资源需求大国。此外中东、巴西和俄罗斯等，对资源都有很大需求。资源的问题非常重要，可能会持续影响到未来的五六十年。

同样，资源问题也引发“新全球地缘政治”这一概念。中国正在逐渐成为一个重要的全球政治参与者，美国不再是世界上唯一掌控话语权的国家。很多重要的国际事务都需要中国的参与和中美两国共同的商讨。我对“新全球地缘政治”持乐观看法，因为这会给未来国际关系问题的解决带来积极影响，甚至会影响国际关系的未来走向。

记者：您近几年开始学习汉语，学习新的语言对您的理论思考有什么影响？

拉什：汉语学习对我影响很大。汉语很有意思，比如汉语中“东西”这个词，拆开来字面意思是“east”和“west”，但合起来的意思却是“物体”。或者汉语中的“空气”（atmosphere）实际表达的意思是“气氛”。所以这是一种很不一样的思维模式。再比如，西方学者认为所有人和物的联系都属于“network”（网络）概念。但现在大家又觉得，也许用“atmosphere”（气氛）来形容人与人的交往关系会更恰当。气氛和网络实际是很不一样的两个概念。气氛是东方的概念，网络是西方的概念。网络，是个体和个体的联系。气氛则不一样，是一种空间概念，也是一种东方如中国和日本的传统思维方式。

我现在正在学习和区分“想象”“想象力”和“形象”这几个概念。前者只是“想象”（imagination），而后者存在“力”（power），是“想象的力”（the power of imagination）。而形象则是“image”。这几个词语意思非常不一样。中英文的思维差异让我更深刻地理解很多概念。

记者：您依托社会学和心理学的背景对当代文化进行研究，能谈谈您的学术思路吗？

拉什：也许，社会学是一个狭窄的学科，并没有很好地与时俱进，我们的研究有时仍然停留在韦伯时代和其命题。当下的世界在不断变化，变得更加信息化、技术化、媒体化。从这一点来说，我的文化学研究和王晓明有很大不同。王晓明的研究主要针对城市学，而我的关注点在新全球化、新媒体、新技术和艺术。并且，我的研究不仅仅是理论，还非常注重实践和跨学科。文化研究不是单纯的学术研究，我们还会办展览、开发软件、做城市规划等。

记者：您来过中国二十五次之多，我想知道您和中国的哪些大学和研究机构有合作？

拉什：我和中国的很多高校和媒体都有合作。比如《周末画报》，我们打算一起办一些秀和展览，关于五行、自然等等，可能会在中国和伦敦展出。我也和香港九龙的一些文化区域有合作，现在正和我的建筑家朋友雷姆·库哈斯做一些总体规划。此外我和《城市中国》也有合作。

我和南京大学的多位教授都有合作，比如张异宾教授、周宪教授、何成洲教授和周晓虹教授。我们现在正考虑做很多有意思的项目，很多关于新全球化、社会学、新兴经济体的共同研究。江苏的凤凰出版传媒集团出版了我的一部分书，其他书的出版还在讨论之中。此外，我和中国社会科学院的黄平也有合作。

另外，我们现在正在思考设计一些关于重庆的项目。这个项目包括三个城市——重庆、印度的新德里和尼日利亚的拉各斯。这个项目有关于区域发展、城市经济和文化、公共空间和模式，可能需要崔志远和重庆当地政府的帮助。这个模式不是西方的模式，而是一种“新自由主义”模式。这就是我对“重庆模式”感兴趣的原因。

记者：我觉得您的规划很庞大。

拉什：是的。

记者：您对中国的学术界有什么预期吗？或者说您希望在中国传播您的哪些学术思想？

拉什：我并不认为我是来中国传播什么思想或者理论的。相反，我从中国汲取很多东西。这些东西让我反思我的理论。我觉得中国文化有两个重要部分：一是一种“嵌入式”(imbedded)的关系，比如新儒学思想：一是中国渐渐形成的让人激动的“超现代性”和各种可能性，比如马青云和杨福东，这些建筑家和艺术家的工作让我印象深刻。中国有着令人吃惊的聚合力，能把传统和现代的东西聚合，成为比西方更现代的“超级现代性”（hyper-modernity）。我想把这些整合到自己的理论中。

我想，我或许可以带给中国学界一种思考方式，即“新媒体”式的思考方式：认识到我们不是孤立的个体，而是社会技术发展体系中的一员，每个个体都是相互关联的。因此，文化、技术和个人乃至所有元素如何关联、交流将是我思考的重点。这种思维方式来源于“自我组织体系”（self-organization system）和媒体技术。我想做的就是将“自我组织体系”和“新媒体技术”结合起来。

最后我还想重申研究“新公共领域”这一论题的重要性，而不要仅仅局限在研究新自由主义这类的命题中。

文学理论的现状与趋势

——与乔纳森·卡勒的访谈[①]

乔纳森·卡勒（Jonathan Culler），康奈尔大学英语与比较文学讲座教授，美国艺术与科学院院士，当代英语世界最有名的文学理论家之一。代表性著作包括《结构主义诗学》（*Structuralist Poetics*）、《论解构》（*On Deconstruction*）等。他还在数十种国际权威期刊上发表过一百多篇论文。

2011年10月20日，应南京大学人文社会科学高级研究院的邀请，卡勒教授来南京大学做学术演讲。

何成洲：卡勒教授，您在《文学理论入门》一书中谈到两种文学阅读的方法：一种是欣赏性阅读，也即关注叙事结构的细节，仔细辨别意义的复杂性；另一种是从社会历史的视角入手，关注一个时期的各种问题和现象如何在文本中得到呈现，您称之为“症候式阅读”。在文学批评界，经常会有人将这两种阅读方式对立起来。请问您是如何平衡或者协调欣赏性阅读和症候式阅读的？

卡勒：我曾强调过文学与语言学的相似之处。语言学家努力寻求语言

---

① 原载于《南京大学学报》2012年第2期。南京大学外国语学院博士生郝志琴整理和翻译，何成洲校对和修改。

的语法，寻求英语句子产生意义的系统。在理论层面上，可以区分诗学和阐释，但在实际操作中很难做到。那些声称进行诗学研究的学者最终还是回到了对文本的阐释上。罗兰·巴特(Roland Barthes)在写作《S/Z》时说，他不会去解读巴尔扎克的短篇小说《萨拉辛》，而是要分析构成情节的符码，然而他的分析终归还是对文本的阐释。对文本的阐释有很多种方法，症候式阐释是其中的一种。通常，症候阐释被赋予消极意义，因为它把文本视为某种症候。如果把某个文本看成19世纪阶级斗争的症候，看成社会中意识形态矛盾的症候，或是作家对其母亲发号施令的症候，即把文本看成某种表征，关注点就会偏离文本本身。读者对某些作品的兴趣通常源于它们在某个时期文学创作中的代表性，或者源于它们对作者某些方面的揭示，这种现象非常普遍，而且无可厚非。还有人对症候阅读不感兴趣，从文本自身角度阅读鉴赏，这也是批评流派繁多的原因之一。批评家的阅读可能是症候阅读，也可能不是症候阅读，就像心理分析未必关注作者心理，也就是说，未必视文本为作者的症候。

如何平衡这两种解读模式呢？我做过的作品和作家研究大多数涉及文学理论。很多年前我写过一本关于福楼拜的书，此书在诗学和诠释学之间做了一定程度的妥协。我的主要兴趣是小说何以运作，那时我年轻大胆，就小说运作规律大胆地阐述了自己的观点。此书的初稿没有包含针对具体小说的解读章节，但是出版商指出谈论具体作品的重要性，建议为了增加其销量，有必要专辟章节讨论《包法利夫人》(*Madame Bovary*)和《情感教育》(*L'Education Sentimentale*)，这样读者就能够阅读到你的解读。所以我重新修改了初稿，这种折中的办法是非常实际的，或许也是明智的，这样更多的人会对这本书产生兴趣。做文学研究的时候一定要有自己的想法，要有能让你着迷的想法。在阅读时，你可能会不断听到其他批评家的声音，也可能会认为他们的评论与作品并不符合。带着这种困惑，你的思想开始萌芽，开始思考评论家们未曾指出的文本的含义。

何成洲：诚如您所说，文学研究要有自己的想法。可是当我们开始对作品进行分析的时候，会发现现成的种种解读不胜枚举，甚至会觉得有些解读有点不着边际。记得20世纪90年代初您曾经与翁贝托·埃克(Umberto Eco)等人有过一场关于“解读”与“过度解读”的学术争论。[①] 当时埃克在他的演讲中对于他所称的“过度解读”是批评的(有时包含着嘲讽的意味)，而您当时的立场是支持“过度解读”，您后来发表的文章题目是“为过度解读辩护”。请问你现在是否仍然坚持这一立场？

卡勒：在当时的那场学术论争中，我采取的立场是支持“过度解读”，因此我必须尽力解释和支持这个观点。我今天仍然认为“过度解读”有必要性。我曾经引用切斯特顿(G. K. Chesterton)的话说：“批评要么无足轻重(完全是为作家辩白的)，要么说出来的话会刺激作家，让他急得跳脚。”[②]一些看起来“偏激”的解读，在我看来，往往能够揭示出以前被忽视的含义。跟那些看起来温和的解读相比，过度解读有时更为有趣、更有启发性。但是我要声明的是，这里对“过度”一词的理解要避免与“过度进食”等联系起来。这里所说的“过度解读”通常是指通过非常规的方法和视角，阐述文本中隐含的或者读者引申出来的意义。我认为，有趣的解读是能够提出一些文本并不鼓励读者去思考的问题，而不是顺着作者的意图去阅读和解释预先设定的问题。

何成洲：文学的解读离不开文学理论，而文学理论又似乎无所不包，这一点您在《什么是理论》中有过精辟阐释。[③] 在当下文学研究界，理论时常让人非常困惑。正如您说的，一个人在阅读过十本理论著作后，会发现更多有待发现和阅读的理论著作。对于文学专业的学生来说，阅读如此多的文本和理论是很困难的。另一个当下在中国引起讨论和关注的问题是，几乎所有的

---

① 参见 Umberto Eco, Stefan Collini, Jonathan Culler, and Richard Rorty, *Interpretation and Overinterpretation* (*Tanner Lectures in Human Values*), Cambridge: Cambridge University Press, 1992。

② Umberto Eco et al., p. 110.

③ 参见 Jonathan Culler, "What is Theory", in *Literary Theory: A Very Short Introduction*, Oxford: Oxford University Press, 2011 (Second edition), pp. 1 - 18。

人文和社会科学研究都在引用西方的理论。您昨天在题为“文学理论的今天”的演讲的最后提出“全球理论”(global theory)的概念。“全球理论”是否指能够在世界范围内传播的来自不同区域和文化的理论?比如,“全球的莎士比亚”指的是在不同语境下改编、表演、阐释、研究其剧作。您为什么提出这个问题?“全球理论”有什么隐含的意义?

卡勒:昨天有学生提到法国人“销售”理论给美国人,美国人又将这些理论“销售”给中国人,理论从法国传到美国,并得以全球化。“全球理论”包含那些来自西方以外的理论,它们为学界所接受,成为“理论”范畴的一部分。“理论”不再特指法国理论或者西方理论,而是指更宽泛意义上的理论。我曾提到后殖民理论中颇为有名的印度次大陆研究,有些美国人对其感兴趣,部分源于斯皮瓦克(Spivak)、霍米·芭芭(Homi Bhabha)等理论家提到了他们的著作,并且认为人们应当阅读他们的著作。可是,我们也应注意到,这些批评家们来自曾经的殖民地,或者曾经到那里旅行,书写他们曾经的家园,但是仍然需要移居到美国或者西方进行书写。我认为比较文学有个很重要的模式,那就是站在文学作品之外,想象某种超验,从特定高度进行比较。比如,站在法语文学和英语文学之上、之外进行比较。政治理论家本尼迪克特·安德森(Benedict Anderson)在其著作《想象的共同体》(*Imagined Communities*)中提到了文学研究者借鉴政治科学领域的研究。安德森提到了“倒置望远镜”(inverted telescope),提出从印度尼西亚看欧洲,那样的话欧洲文学大同小异,这与中国文学的情形十分相似。由于民族众多、语言传统差异大等原因,中国文学从国内看呈现多样化态势,但是外国人会把中国文学看成一个整体,并且简单称其为“中国文学”。我认为采用不同文化提供的视角看待问题为比较文学提供了一种新的可能,比如从中国叙事传统看待西方小说。如果我是中国学生,我不会通过阅读西方人已经阅读过并且推荐阅读的书目,成为“西方评论家”,而是寻求一个全新的视角,并综合自己的背景和经验,向西方人展示新视域下的西方文学应该是怎么样的。这样,中国的文学理论就会对西方产生影响。

何成洲：现在有人质疑英语研究和比较文学研究，因为教授们并不专注于文学，而去研究各种各样的话题，正如您书中提到的，莎士比亚研究学者可能做与文学毫不相干的研究。您怎样看待那些与文学毫不相干的英语研究和比较文学研究？

卡勒：的确，文学教授可能会做与文学毫不相干的研究。我想有两种可能性。一方面，文学研究是文化研究的一部分，英语教授会专注于英语文化的某个方面，比如电影、连环漫画、《哈利·波特》等。时下法国的外语教学似乎更关注历史话题、文化话题、妇女解放、社会动乱等。与经典文学相比，学生对文化、历史话题更感兴趣。英语学习者以及部分美国学生可能认为研究美国文化比某一特定的美国作家更为重要。比如，学习美国文化的方方面面比研究亨利·詹姆斯更为重要，教授们也会有同感。

另一方面，文学为大多研究个案的终极目标，这就要求阅读大量与其相关的其他学科的资料。要理解某部小说对时间的处理方式，可能需要阅读历史文献、哲学理论，了解其他语境中时间的处理方式。你可能研究某个特定文化话题，但这一话题又与非文学资料相关，这种情况时有发生。来自斯坦福大学的弗朗科·莫雷蒂（Franco Moretti）倡导“粗读”（distant reading）——当然它还有其他名称，这种阅读活动与“细读”（close reading）相对照。学者通常聚焦于少量文学名著进行研究——这里的“少”相对于某一特定年份出版的小说的数量之“多”而言，指的是采取新视角，退到背景位置，用定量研究的方法，分析某一年份的整个文学产出。这种方法有时被称作“文学社会学”，比如研究某一时期文学的趋势，不同国家在不同时期出版的小说类别等。弗朗科·莫雷蒂对18、19世纪尤为感兴趣，关注哥特式小说的传播，关注瓦尔特·司各特的名望，即他的作品在全球范围内翻译、阅读、模仿的情形。他关注发展趋势，而非对某个特定文本的深入研究。有些研究只需看看标题和出版记录即可，但有时仅仅查看标题和出版记录远远不够，需要花时间阅读，进而探求此作品与其他种类作品之间是否有共性。这类研究可能会得出这样的结论：某个特定历史时期中爱情小说颇为流行，或者哥特式小说的声望在下跌。许多这类研究聚焦于文学，并非提供阐释。弗朗科·莫雷蒂另一项颇有意义的研究是关于简·奥斯汀和婚姻市场，他为奥斯汀小说情节的发展画了地图，包括故事开始时人物所处的地点和故事结束时人物所在的地点，得出的其中一个结论是国家婚姻市场的存在，即青年男女并不是在自己生活的小区域里寻求伴侣。小说为读者提供了社会流动的一幅画。把小说中的人物看成一个群体，退到背景位置，对其进行定量描绘，从新的视角审视人物，不再考虑主题，不再考虑对某个人物的看法，不再考虑人物以及其伴侣的出生地和归宿地。

何成洲：这种研究很有意思，它揭示了许多可能被忽略的文化信息。这里又涉及一个我们如何解读文学经典的问题。昨天您提到“动物研究”和“生态批评”，这些新的批评流派展示了它们对文学经典的解读立场和标准。有些人从新的视角出发会发现文学经典也是有时代性的，它们是批评家建构的，甚至有时候是强加给读者的。您是如何看待文学经典的？

卡勒：我非常钟情于文学经典，部分原因是我在花时间阅读别人认为值得阅读的作品。如果你对诗学感兴趣，你就会关注意义得以产生的潜在规约。就像语言学家希望从符合语法规范并且能有效达到交流目的的英语句子入手进行研究，诗学理论研究者也希望从价值得到认可的小说或诗歌入手，尽力理解其运作的基本规律。我最近研究抒情诗歌，选取的文本均是经典诗歌。有人可能热衷于发现无名杰作，但那不是我的兴趣所在。这些人中有的仅仅是出于好奇心，有的则是受到批判和扩充经典的驱动，有着发现可能被疏漏的杰作的欲望。社会中不占主导地位的人们创作的作品易于被忽视、贬低，历史上曾经有过大规模复苏女性作品的运动，当下最主要的选集“诺顿选集”收录了许多早期女性创作的作品。动物研究和生态批评学者们做出的努力极有可能引发经典的重新调整。人们通常把动物和儿童文学联系起来，学者们也会将这些作品作为个案进行深入研究。美国文学传统的核心是爱情小说、社会小说（年轻人来到城市，经历了梦想的幻灭以及各种各样的曲折，失败抑或成功）或者爱情小说与社会小说的结合体。人们通常意识不到这类小说中自然和环境的在场，但是若生态批评发展成为主要流派，有些小说就会进入课堂，成为必读书目，因为它们指导和影响读者如何欣赏自然。

何成洲：生态批评在中国近来也引起比较大的反响。美国学者劳伦斯·布依尔、司各特·斯洛维克等人的著作在中国有不少的读者。请问当前美国学术界对生态批评的态度如何？

卡勒：人们注意到生态批评对人类中心主义的批判，也就是对“视大自然为人类工具”的批判。为地球着想的呼唤引起了一定的共鸣，不同形式的生态运动也在展开，但是我认为生态批评还没有对文学研究做出很大贡献，我是说还没有出现学术界公认的为未来生态发展指明道路的生态批评的杰作。

何成洲：您刚才谈到早期女性作家的作品被发现。可是近来，女性主义在知识界逐渐失去了它的影响力。我曾经就这个问题与托莉·莫伊（Toril Moi）有过深入交流，她认为美国学术界对女性主义的兴趣日益减少。[①] 您是不是有同样的感觉？女性主义的前景如何？

卡勒：是这样的。曾经的女性主义热情不再那么高涨了。年轻的美国女孩想当然地享受着女性主义运动取得的成果，但不愿加入女性主义阵营，认为不必非得把自己确定为女性主义者来享受女性应有的权利。毋庸置疑，女性主义运动已经取得众多政治成就，并对美国文化产生了深远的影响。康奈尔大学开设的一个专业曾经叫作“女性研究”，后来更名为“女性主义、性别、性学研究”（Feminist, Gender, and Sexuality Studies）。关于这一名称，曾经有过很多争论，焦点在于是否应该在女性主义后面加顿号，是“女性主义、性别、性学研究”还是“女性主义性别和性学研究”（从女性主义角度进行的性别和性学研究，有其追求的政治目标）。“性别与全球变化”是这一专业的一个方向，它关注全球范围内女性的生活状况，并反思西方女性主义者的立

① 何成洲：《性别研究的未来》，《当代外国文学》2009 年第 2 期。

场。比如,西方女性主义者是否应该去争取阿拉伯世界妇女的解放,帮助她们摆脱在公开场合佩戴面纱的束缚?阿拉伯妇女是否能够理解和支持这个想法,抑或西方女性主义者是在将她们的观念强加于那些愿意佩戴面纱的女性身上?我们究竟应不应该尊重阿拉伯世界的传统,以免被西方“古怪”的价值观念和意识形态同化?这些争论颇为有趣,答案悬而未决。这也导致对于西方意识形态的批判,关系到西方女性主义者的某些做法是否合适,女性主义是否需要变革。这一专业的另一方向是性别研究领域的酷儿研究(queer studies)。

何成洲:酷儿研究的一位重要理论家是朱迪斯·巴特勒,她的几部代表性著作在中国产生了比较大的影响,比如《性别麻烦》(1992)、《身体的重要性》(1993)、《解构性别》(2004)等。朱迪斯·巴特勒目前在美国还有很大影响吗?人们公认她对学术界做出的贡献是什么?是性别表演性吗?

卡勒:是的,就是性别表演性。最近,她的研究朝其他方向发展,她非常关心以色列问题。在美国,关于以色列和巴以问题有很多争论,尤其是犹太学者想要维持批判以色列政治的可能性,同时又不被指控为反犹太人。巴特勒辩护说美国的批判传统的确是犹太学者研究传统的主要组成部分,她最近的很多著作都涉及以色列、犹太传统等政治问题。我认为,其早期著作《性别麻烦》(*Gender Trouble*)中提出的“性别表演性”仍然是其最伟大的贡献。

何成洲:以女性主义和同性恋研究为主的性别研究对于文学阅读产生了巨大的影响。文学一直与世界进程不可分,既再现社会与文化的变迁同时也影响它。在当代世界,全球化进程是其主要特征。在有的学者看来,全球化应该指经济全球化,限于经济和贸易,不与文化文学研究混为一谈。您认为全球化影响文学了吗?如果是的话,请您谈谈全球化与文学的关系。

卡勒:昨天我谈到了电子交流,人们可以及时地从世界任何一个角落获得信息,文学可以在网络上生产和快速传播,学者们也可轻易行走于不同国家之间。频繁、紧密的接触使得文学阅读很难囿于母国文学的小天地里,而不为精彩的外部世界所影响。如果文学作品不仅在美国或者西方反响大,在全球范围内也广为传播和阅读，其重要性就发生变化了。现在有些作家在创作时就会考虑到翻译的问题和来自不同文化的读者，这就是全球化影响文学的一个方面。作为文化研究者，我们通常是为小群体写作，但是有些著作也会在很短的时间内在不同文化中被阅读。我那本篇幅不长的《文学理论入门》（*Literary Theory: A Very Short Introduction*）被翻译成了二十种文字，但从未翻译为法语。这本书主要为英美读者这一特定群体而非法国读者所作，即便是这样，我还是希望更多的人能够阅读它。

何成洲：我的问题先到这里。下面请在座的各位提问。

易春芳：您昨天在演讲中谈到"伦理回归"时，我发现这么一句话挺有意思的："（在伦理批评中）出现了一些新的具有强烈伦理、政治意味的批评流派。"为什么把"伦理"与"政治"放在一起？通常我们会认为政治与伦理属于不同领域的概念。您怎么认为？

卡勒：至少在文学领域，美国很可能（与中国）有一点文化上的不同。在美国这两个概念的关系更紧密一些，比如如果有人觉得有些事情不对，他就应该参加某种运动去阻止它。在美国，大家比较公认的一点就是，只有真正以道德为目的的政治活动才是有意义的。例如，如果你为妇女或者黑人所受到的不公感到愤怒，你会希望有政府行为或社会活动去加以改变。但是如果政治选举变成了"他（被选举人）会给我们减税"，或"他会给我的朋友安排政府要职"，那就变成了肮脏的政治，一点意义也没有。好的政治是由伦理驱动的政治。我认为两者在美国的意识形态领域结合得更紧密一些。

易春芳：谢谢您！我还有第二个问题。昨天晚上的讲座中您提到了"新形式主义"。据我理解，形式主义是把文本当作一个整体，一个由有机部分组成的联合体，有一个预设的"中心"。但是紧接着在解构主义的推动下，我们从不同角度解构了这个"中心"，那么，我们怎么才能回到形式主义呢？"新形式主义"到底新在哪里？

卡勒：讲座中我引用了玛丽侨·列文森（Marjorie Levinson）发表在《美

国现代语言学协会会刊》上的那篇讨论新形式主义发展趋势的论文中的观点。她那篇论文发表之后很轰动，因为玛丽侨·列文森是个研究浪漫主义的新历史主义者。她研究济慈，写的《济慈的寓言生活》（"Keats's Life of Allegory"）一文基本上把济慈看作一个仿效者，竭尽全力想掌握他并不熟悉的文学传统。英国浪漫主义研究领域有很强的新历史主义运动，要揭穿英国浪漫主义者的理想假象，指出他们忽略了工人阶层所受的束缚，导致他们无法表达自己而总是由他人代言的事实。他们认为英国浪漫主义在意识形态上是反社会的。列文森便是这些浪漫主义研究领域的新历史主义者中的一员。我听说她发表了关于"回到形式主义"的文章，主张恢复对文学形式的关注，不再将文学作品视为作者有意忽视社会问题和政治问题的表征。这是很惊人的。但是我认为这（指新形式主义）只是对于大家重新关注文学形式这一现象的简称，不一定，也很可能并不是一种全面的回归，因为目前也有成功解构有机体隐喻的案例。但是谈到文学，我们是不能不谈文学形式的，我们不能只把文学当作掩盖社会真相的意识形态建构。我的回答有些不大明确，但"新形式主义"确实只是大家用到的术语之一。还有人谈到"新形式主义对审美的回归"，也可以视作其中的内容吧。

马涛： 卡勒教授，您对乔姆斯基"语言能力/语言行为"概念的喜爱程度似乎高于索绪尔的"语言/言语"概念。您提出了一套帮助读者解读文本的法则。不同于其他结构主义者，您关注的是读者而非文本。受教育背景不同的读者，自然会对文本产生不同的理解。您是怎么建立一种适用于所有读者阐释文本的规范？这种规范是否超越了意识形态层面？

卡勒： 我并未聚焦于个体读者。乔姆斯基模式是以他所说的"理想讲话者"为基础的，这对描述语言来说非常必要。讲英语的人表达方式各异、理解不尽相同，所以英语语言概念涉及讲话者在当前规范下的语言能力。我认为这同样适用于文学研究，适用于研究文学形式，探究意义得以产生的文学规约。我不想探究真实读者的想法。假想的理想化读者是为了实现研究目的而设计出来的。乔姆斯基认为可从语料库研究中获得语法，这是正确的，结构主义语言学的情形也是如此。结构主义语言学家使用替换测试进行研究，改变音素，看这一变化能否给话语带来某种差异，如果确实带来差异，那么这就成为在语言中起作用的、区别于其他音素的特征。这种方法是确定语言单位的基本方法：不再囿于话语语料，尽力寻求各种规约。尽管我提到的是乔姆斯基而非索绪尔，但我正确记录了结构主义者采用的方法。

黄一畅：几年前我读了您的大作《论解构》，从此对解构主义理论产生了浓厚兴趣。您在昨晚的讲座中提到当今西方学术界又出现了德里达的复活，但是国内外普遍认为德里达包括耶鲁学派已经过时。您能具体谈谈您的看法吗？

卡勒：耶鲁学派在某种意义上说非常特别。《解构主义与批评》（*Deconstruction and Criticism*）的一卷收录了哈罗德·布鲁姆、德里达、希利斯·米勒、杰弗里·哈特曼的文章。布鲁姆与德里达私人关系很好，但他本人与解构主义没什么瓜葛。哈特曼欣赏德里达对语言的关注，但他本人对语言游戏更感兴趣。我倒认为，德曼、德里达和希利斯·米勒可以称为一派，“耶鲁学派”这一名称并不可取。德里达的著作涵盖面很广，内容庞杂，在他后期的学术生涯中，更多关注文学。近来出版的德里克·埃德里奇（Derek Attridge）编的《文学行动》（*Acts of Literature*），收录了德里达谈文学作品的文章，包括《这个叫作文学的奇异建制：对雅克·德里达的一次采访》（“‘This Strange Institution Called Literature’: An Interview with Jacques Derrida”）和其他文章，这本书也表明德里达对文学作品的解读并没有很好地呼应解构主义的批评方法，德里达的批评方法没有展示文学作品本身何以消解他们赖以存在的等级对立。我认为对文学作品进行解构阅读的解构主义批评和德里达的声望并不是一回事。如今人们对德里达的兴趣源于他对其他话题的关注，比如民主、死刑、动物等。这就是我所说的德里达的复兴。如果你想研究动物，研究民主，听听德里达的声音，看你是否同意他的观点，将会是个很好的开始。我昨晚讲座中提到了迈克尔·内斯（Michael Naas），他出版了《从今以后的德里达》(*Derrida From Now On*),还出版了一本有关德里达与摄影学的法文书,包含埃及的许多照片以及德里达对这些照片的评论。因此,研究德里达未必是在研究其对文学作品的解构阅读。

何成洲: 卡勒教授的回答非常精彩。再次感谢您来南京大学讲学!

从周边看中国

——与夫马进的访谈[①]

夫马进，日本京都大学文学部教授，日本东洋史研究会会长，主要研究中国明清社会史与东亚关系史，曾获得日本学士院奖、天皇恩赐奖。代表性著述有《中国善会善堂史研究》（专著）、《中国东亚外交交流史研究》（编著）、《明清时期的诉讼与诉讼制度》（论文）等。

2011 年 11 月，夫马进应邀访问南京大学，南京大学历史系范金民教授、陈蕴茜教授与他进行了访谈。

陈蕴茜（以下简称陈）：您在 20 世纪 80 年代开拓了中国善会善堂研究的新领域。尽管您是日本学者，但站在外国人的立场来看中国，却看得如此深刻，让人敬佩。我想在这方面，可能您有一些思考。比如您如何看待西方理论在中国研究中的运用？从西方理论出发，是不是能够“看清”中国？记得您在《中国善会善堂史研究》一书的绪论中，曾提到西方学者关于“市民社会”与“公共领域”的讨论。[②] 那么您怎样看待运用西方理论来看中国的问题？

---

① 陈蕴茜、刘传吉整理。

② 夫马进：《中国善会善堂史研究》，伍跃等译，商务印书馆，2005 年。

夫马进(以下简称夫马): 对哈贝马斯的“公共领域”(public sphere)概念的理解,我自己也感到不自信。我当时读到很多日本人关于这方面的书,但究竟认识到什么程度还是个问题。在我的概念里,市民社会约等于公共社会。哈贝马斯有一本书叫《公共领域的结构转型》,我对书中关于17世纪欧洲英、法、德这些国家市民社会以及公共领域的内容非常感兴趣。但我的善会善堂史研究在先,而读哈贝马斯在后。在开始善会善堂研究一年后,我读到了《公共领域的结构转型》的日文版,当时感觉他的理论应该可以在分析中国社会时使用。但是,1980年日本学界受到马克思主义的影响,认为世界史有一个由原始社会到奴隶社会,到封建社会,再到近代资本主义社会这样的普遍的法则,当时很难跳出来做新的研究。我在20世纪80年代初期的时候也没有超出马克思主义的这种解释框架,所以,我并不是一个非常先进的史家,而只是一个非常平凡的学者。

1989年至1990年,我到哈佛大学做访问研究,阅读了玛丽·兰钦(Mary B. Rankin)等人的书,了解到美国的中国史学界正在进行“寻找公共领域”的研究。我当时对中国史的特殊性的认识还不是非常充分,对哈贝马斯的理论在中国史研究方面的适用性半信半疑,但还是倾向于认为这一理论可以适用于中国史研究。之后在芝加哥参加亚洲学年会(Association for Asian Studies, AAS)时,与约翰斯-霍普金斯大学的罗威廉(William T. Rowe)教授就中国史研究及中国的公共领域问题交流了看法。罗威廉教授后来在黄宗智主编的《近代中国》季刊上发表了讨论公共领域的文章,他认为,哈贝马斯的理论是可以运用于中国研究的。我读了罗威廉的文章后,想法逐渐清晰,如果说过去对哈贝马斯理论在中国的适用性还是半信半疑的话,那么读过他的文章后,却加大了怀疑。在《中国善会善堂史研究》的中文版序言里,我曾提到上海社科院历史所的唐振常教授曾将他在美国加州大学伯克利分校发表的论文《市民意识与上海社会》送给我,那篇论文就是以罗威廉教授的上述论文为前提讨论近代上海的。我觉得中国社会历史的实际情况和兰钦等学者的解释出入是比较大的。1995年我在美国又读到了黄宗智关于“第三领域”的书，这才彻底认识到，哈贝马斯的理论与马克思关于资本主义萌芽的理论一样，只适用于西方社会史而不适用于中国社会史的研究。

我当时的研究中没有将哈贝马斯的观点置于主要的地位，其原因之一是我对哈氏的观念尚不能全部理解，而另一个原因是“公共领域”和“市民的公共性”这一模式原产于欧洲，在这一点上与“近代资本主义”的模式是完全一样的。如果采用中国前近代中寻找“公共领域”和“市民的公共性”模式的研究方法的话，最终无疑会与寻找“资本主义萌芽”的研究方法一样，走入死胡同。因此，我并不赞成从西方理论出发来看中国，而应该从中国的历史史实出发来看中国。

陈：我想也正是由于您对西方理论持严谨、审慎的态度，从中国历史史实出发，才使您在善会善堂研究领域取得卓越成就。而且，也因为这样，您对前近代中国是无讼社会还是诉讼社会这一重要论题，提出了自己独到的见解。当然，我们也注意到，近年您开始从周边“看”中国，主要是研究中国、朝鲜、日本文化交流史，又开辟了一个从东亚看中国的新研究领域。

夫马：是的。我希望能够通过朝鲜《燕行录》的研究，来呈现东亚三国文人之间展开学术交流的价值。其实，日本学界近二十年来最大的变化之一就是重新讨论中心和周边的关系，通过周边来看中心成为热点问题。我和范金民老师几乎在以同样的方式进行研究。比如在研究中国史的时候，以前的方法都是从下层构造开始分析，从生产力、生产关系的角度，或从地主和佃户的关系等角度把握中国历史。近二十年来，我们则不只是看中国史，而是将中国史置于亚洲史和世界史更为宏阔的视野中，将其作为亚洲史和世界史的一部分来看待，这是一个新颖的研究倾向。相对而言，过去的研究就像井底之蛙，而现在则开阔了许多。按理说，从外部看中国这个角度对于中国史研究者应该非常容易想到，但过去我们却都忽视了。比如像我的《朝鲜燕行使与朝鲜通信史》[①]这本书就尝试从更大的外部角度来看中国。我对欧洲产生

① [日]夫马进：《朝鲜燕行使与朝鲜通信使——使节视野中的中国・日本》，上海古籍出版社，2010 年。

的新理论并不很感兴趣，我关心更切实的问题，比如怎样从日本或亚洲的新角度解释中国，以更加客观地看待中国史等，这是我目前主要的研究领域。

范金民(以下简称范)：现在中国也经常有关于这方面的看法和讨论。2010 年 6 月，在厦门大学召开了关于明史在中国史甚至世界史上的地位的研讨会。有的学者提出了一些新的研究方法与新视角，比如说以前我们研究明史是从中原王朝看周边，看周边的民族和国家，现在则从周边看中国。这样做有利于拓展原有的研究领域，深化中国史的研究。另外，有一些研究的视角很新，也比较深入细致。不过，也存在一些问题，正如夫马先生所说，这些研究成果在多大程度上能够改变我们已有的看法？比如有人研究处于边疆尚未进入清朝版图的地区，对于我们更进一步了解历史是有帮助的。

陈：说到研究方法，还想请教夫马教授一个问题。西方史学界出现了一些新的动向，比如新文化史的兴起，现在中国的许多学生对此都特别有兴趣。不知这些新的理论、方法在日本的情形怎样？我也跟一些日本学者接触过，比如日本大学的小滨正子等。因为您是日本的中国史研究界的权威，特别想知道您对这种新的研究流派有什么看法，您觉得这对您从周边看中国的研究是否有影响？

夫马：非常遗憾，我目前对日本学界的这个新动向没有能很好地把握。像历史记忆、性别等方面的研究，在十多年前的日本就兴起了。日本学界对于中国历史的研究，从很早的孔子时代到毛泽东时代，再到 2011 年的一系列的研究，论文很多，但是遗憾的是，我并没有发现有太多让人读后就耳目一新的东西。这里我想向陈老师请教一下，中国学界在这方面有没有什么新的成果和理论出现？

陈：西方的新文化史传入后，对中国的中青年学者的影响很大，有一些研究成果，但中国学者对于如何提出本土化但又为国际学界所认可的理论，还面临着困惑，目前已有的成果有点呈碎片化的状态。

夫马：现在日本学界的研究跟陈老师所说的中国学界碎片化研究的状况差不多，多是分散的研究，没有形成焦点。我也读过用历史记忆研究的理论来解释法国大革命的书，读了之后感到非常有意思，但对法国大革命的基本理解有没有发生变化？似乎没有。这是我自己的一点看法。

范：我也觉得这是个问题。我们的研究，就像刚才所说的，是一块一块的。以前有一种看法，历史研究应该从大的、能够揭示历史发展的趋势出发，把历史前后的变迁揭示出来，如果做不到这一点，不能说没有意义，但是意义不是很大。

我认为，第一，研究中国史，要把它作为世界史和东亚史的一部分来考虑，要有个整体的概念，从而把握中国在世界或亚洲发展的进程中的位置和路径。第二个问题，研究角度的转换，以前只是从中国看周边，现在当然也还要这样做，但是也应该从周边看中国，关注它们的相互影响。这是个研究角度和方法的问题。

关于研究的方法，以前中国学界关注过中国史学、日本史学与欧美史学的比较，一般认为，日本学者强于对具体问题的细致研究，缺点是不太注重结构、理论、方法，没有一个整体的概念；西方学者擅长建构理论框架，看得很大，站得很高，富有启发性，缺点是不够扎实、细致，往往流于空疏。简而言之，西方重理论、方法，而弱于具体问题的解决；日本注重具体问题，而弱于理论和方法。但是，通过对最近三四十年日本史学的观察，我认为这一看法不完全对。其实很多优秀的日本学者也是有理论、讲究方法的，比如夫马进先生的《中国善会善堂史研究》这本书，就有明确的问题意识，既不同意哈贝马斯和玛丽·兰钦的公共领域的说法，也不同意传统中国学者对资本主义萌芽的看法，而是提出了自己的观点。又如岩井茂树先生，他研究中国近代的财政史时提出了“原额主义”理论①，如果对明清财政史有深入研究的话，就会知道这个理论很有说服力，而且他运用了很多方法。再比如森正夫先生，他从20世纪80年代以来提出了“地域社会论”，提倡加强对地域社会的研究，三十多年来他一直在探索。再如岸本美绪先生。至少现在的中青年一

① 岩井茂树：《中国近世财政史的研究》，社会科学文献出版社，2011年。

代，可能跟以前的老一辈的学者也不一样，都兼顾到东方和西方的理论，表面上是没理论，其实也是有理论、有方法的，这点应引起中国学者的重视。

夫马：日本以前注重细部的研究，缺乏宏观的理论，后来对理论也有所关注，并注重整合，如日本学者宫崎市定先生的研究。其实西方学者也重视史实的分析，比如美国学者孔飞力（Philip Alden Kuhn）写的《叫魂》，里面就有对史实的详细的分析和具体的研究。

范：另一个典型的例子是史景迁（Jonathan D. Spence）的《王氏之死》。该书选取的是很细小的角度，要说明的却是很大的问题。这方面现在更突出。史学界最近的趋势说明，前面所说的日本史学和欧美史学研究方法上的界限已经被打破。中国学者在中外关系史、中西交通史等方面也做了许多工作。滨下武志先生把中国经济史放在东亚贸易区的大系统下，实现了研究角度的转换。总之，我们的研究方法也要改变。从周边看中国，对于拓展和深化中国史的研究大有裨益。

比较文学史与比较电影研究

——与张英进的访谈[1]

张英进，美国加州大学圣地亚哥分校文学系比较文学与文化研究教授，上海交通大学人文学院访问讲席教授，主要从事中国现当代文学和电影研究。他的英文著作包括《中国比较文学论文集》《华语电影百科全书》《民国时期的上海电影与城市文化》《中国电影史》《当代中国的另类电影文化》《全球化中国的电影，空间与多地性》《华语电影明星研究》《世界华语电影指南》等十部，中文著作包括《审视中国》《电影的世纪末怀旧》《中国现代文学与电影中的城市》《影像中国》《多元中国》等九部。

2012 年 2 月，张英进应邀访问南京大学，并接受了何成洲教授的访谈。

何成洲（以下简称何）：张教授你好！据我们了解，电影研究在国内尚属新兴学术领域，南京大学目前也刚刚起步。你在比较研究和电影研究方面造诣很深，成果丰硕，很高兴有机会向你学习。昨天你在南京大学演讲中提出一个非常有意义的话题，就是比较视角的文学史研究。你还写过一本《中国电影史》（*Chinese National Cinema*，2004），梳理了中国电影的百年历史。那么，你能否介绍一下国内外电影史研究的概况和你在电影史、文学史研究中

① 南京大学外国语学院博士生陈曦整理。

的独特视角？

张英进（以下简称张）：好的。我们先谈谈电影史，因为这个话题比较直接。在我的《中国电影史》之前，国内外没有出版过一本涵盖大陆与港澳台地区电影百年历史的学术专著。要在有限的篇幅内写完这段历史并涵盖所有现象，这个任务很有挑战性。如果完全采用批评视角来写，就会有很多方面难以涉及，因此我采用了叙事的方法。在书稿的最初设计中，除了文本，我们还希望涉及一些电影产业方面的内容，如票房、流向等，主要意图就是打破原先单一的“国族”电影模式，把国家和民族的概念多元化，在这个基础上把电影设置成不同时期、不同地域的电影人建构的不同的“国族”概念。我们追寻这个基本思路，通过深入研究发现：20世纪20年代早期的电影有自己的“国族”想象；30年代“左翼”与国民党政府倡导的“新生活运动”有不同的“国族”想象；到40年代抗日战争时期，“国族”想象更加明显；而50年代以后，大陆与台湾有不同的“国族”想象，台湾的闽南语影片也有自己不同的想象。《中国电影史》一书不以作家、导演为主导，而是以作品主题为纲，用平行的方式记录不同时期的电影，描述主题之间的冲突，包括某一位导演同一时期内不同作品之间的相互矛盾。现在所谓的“左翼作家”是后期命名的，而当时作家本身未必完全确立某一种意识形态。在书中，我们力求将矛盾表现出来，在“国族”的框架内，把这些不同的思想、不同的探索、不同的风格集中在一起。这本书属于罗德里奇（Routledge）的一个探讨“国族”与电影关系的系列，我按照以上基本思路重新梳理了中国百年电影。此书尚没有译成中文，但我发表了一些探讨“国族”概念的中文论文。

再回到文学史。昨天演讲中我提出一个问题：为什么自20世纪五六十年代夏志清的《中国现代小说史》之后，就没有汉语学者用叙事方式从整体性的角度撰写中国现当代文学史了？有从其他语言翻译过来的，但没有汉语原创。20世纪80年代开始，欧美文学史研究转向“后现代”“后结构”，放弃整体性，提议重新建构文学史。西方学者采用的理论和方法主要有两种：一是百科全书式，即用编年记形式，按时间顺序记录何时何地发生何事；二是琳达·哈琴（Linda Hutcheon）等人倡导的“比较文学史”（Comparative Literary History），这是比较文学框架内的一个议题，他们在世界比较文学项目的支持下做了十年研究，有两个规模宏大的课题，一个是中东欧文学文化史，另一个是拉丁美洲文学史。两种文学史都采用多作者模式的编辑方法，不同的批评家选择写一小部分。编年史百科全书按照时间顺序，而比较文学史按照不同的、大的“枢纽点”（node）——时间枢纽、文学枢纽、地形枢纽、机构枢纽、形象枢纽等，对同样的文学现象进行五次不同的梳理。从不同的角度，看出文学现象中不同的重要性。不同专家的观点在差异的阐释中得到对话，很重要的一点是编者不做最后的定论，不分辨谁对谁错，而是让大家在不同的描述中发出自己的声音，最后把结论交给读者。两种方法都朝这个方向努力，都放弃、打破了原来高屋建瓴、上帝般全知的叙事观。这符合“后现代”史学和理论的思路，即“多元化”“碎片化”，在碎片中挖掘出大量新的信息，通过这些信息来质疑原来创造的一些价值。新的研究不一定非得推翻原有价值，也可以挖掘出平行或类似的新天地。当前欧美的文学史研究基本上达到了这个效果。

何：国内学者很热衷于编写文学史，光是20世纪外国文学史就有很多本、很多卷，但基本上都是采用全知式高屋建瓴的视角，主要是作家背景介绍、宏观归纳和文本分析。琳达·哈琴等人采用比较文学的方式研究拉美、中东欧文学史，有没有研究中国文学的比较文学史呢？

张：很可惜，中国现当代文学没有，古典文学也没有。我在海外曾经多次提出，现在是我们直面学术空白的时候了。20世纪80年代以来我们一直训练的也最善于的就是批评，批评前人的缺点，但最终总是解构，没有建构，这样是被动的。解构之后需要一个建构，否则不会有更大的进步。我们需要在一个大的框架内重新整合，创造出新的价值。我刚刚完成一个电影方面的课题，邀请了三十位学者对华语电影方方面面重新整合，写成了一本六百五十多页的《布莱克维尔华语电影指南》[1]。我希望接下去做一本关于中国现当代文学的指南。“布莱克维尔指南”系列丛书在欧美学术界很有名气，文学方面已经有很多种系列了。这种系列丛书的优势在于整合了现有的研究成果，指出将来进一步研究的方向。和外国文学史一样，国内的中国现当代文学史很多是大部头的教科书。为了满足教学上的需要，很多不得不采用全知式的叙事视角。所以可以说，在不同的语境下会产生不同的学术成果。

何：谈到电影与文学，你身处西方主流学术话语，非常熟悉西方的话语体系和批评概念。我们知道，西方的批评概念往往是在西方语境中产生和发展的，在研究中国文学时，语境是不同的。在运用西方概念解读中国现象时，你认为会遇到哪些需要注意的问题呢？

张：语境这个问题在我的《影像中国：当代中国电影的批评重构及跨国想象》中曾经提到过。在这本书中，我对20世纪80年代末、90年代初的早期华语电影研究中存在的一些生硬地照搬套用西方理论来研究中国电影文本的例子进行了批评，然后指出了一种“对话”的模式。过去我们总是“应用”西方理论，“应用”这个词不好，一应用就说明西方理论具有普世性，似乎拿过来就能用。而“对话”的模式则强调语境的重要性：什么地方可以用，什么地方不能用，什么地方用了之后会产生误解，有时甚至是非常荒唐的误解。我当时针对的主要是照搬精神分析方法的几个案例，它们无视中国文化背景，简单地用精神分析理论来推测应该有什么，而没有的时候就非常焦虑。有一例是评电影《黄土地》，它认为翠巧对八路军干部顾青的恋情没办法得到发展，结论是这部片子用先锋的影像方式批判了资本主义。我认为这是比较典型的照搬理论。第一，电影中没讲到恋情，也许翠巧有爱慕之心，但是爱慕之心不一定是性方面的表现；第二，这是延安时期的故事，资本主义的整个结构没有表现出来，不能认定是批判资本主义。由此可见，按照西方话语进行阐释时，关键词会不断出现，但在没有对话的情况下一靠上影

---

① 英文原名 *A Companion to Chinese Cinema*（The Wiley-Blackwell Companions to National Cinemas）。

像，就会产生许多牵强附会的结论。文学研究中的情况也是如此。有人评论我的研究时会说“那你也用西方理论”。没错，因为话语的生产有它的语境，在美国学术语境下不可能不用西方理论。但我认为，要让概念和文本进行对话，不套用整个理论体系，而是在一定程度上利用它的一些观点。米歇尔·福柯（Michel Foucault）在一次访谈中提出“理论”这个词的词根是“方法”，是一种话语，它不是控制你的思维，而是帮助你思考、帮助你推理的“工具”。他一针见血地指出：理论是工具。既然是工具，就不是普世的，不同的工具有不同的作用，我们用不同的工具干不同的活。由此我们可以明显看出，理论不是万能的。昨天我在讲文学史写作中提到另一位法国思想家、著名的新文化史专家罗杰·夏蒂埃（Roger Chartier）。他也用福柯的理论，但他很强调每次研究中话语操作上的具体性。当前，我们有很多误解，认为理论是高屋建瓴的，可以解释所有的东西。很多学者，包括海外学者，一套理论轰轰烈烈地下来好像什么都解决了，提及几个文本，但实际上没有对应上。在国内参加一些学术会议时我经常会质疑一些学者的语境错位问题，还有单向性的问题，即一下子把整个西方理论排斥掉。我认为西方理论不能一概否认，因为它本身是一个复数，它有各种各样相互矛盾、相互制约、相互质疑的论点。我们不要把它当作单一的，要在具体的语境中进行具体话语操作，在学术课题中尽可能做到更有说服力的对话。

何：对这个问题我也有比较深刻的感受。西方理论的普遍化，在中国的语境中应该重新语境化、重新调整，找到一些我们觉得比较重要的理论观点，再运用于文本，对文本进行解读。

张：对。语境的不同一定要考虑到。一个有趣的案例是后殖民主义，后殖民主义并没有真正地进入中国的学术批评，因为语境不同、背景不同。有些人会说，中国没有进入“全殖民”，按照官方说法中国是“半殖民”。除此以外，西方学者对后殖民主义的话语论述跟我们的历史文化语境也不尽相同。我观察到有一段时间在华语电影研究中出现过后殖民主义的热点，主要是用于批评张艺谋电影。但是，如果把张艺谋电影看成后殖民主义在中国的应用，就会发现他的话语和他指涉的对象与西方后殖民主义是完全不相同且错位的。在中国电影的语境下，后殖民主义讨论的是全球文化市场与文化领域中权力的问题，关系到生产文化影像的权力。当时有人批评张艺谋生产的影像迎合西方，在这个意义上是后殖民。但是，这不是西方后殖民研究的思路。很有趣的现象是，观点引进来了，但后面的研究成果却大相径庭。

何：你研究的“影像中国”让我想起了杜维明的“文化中国”①。刚才你也提到华语电影研究中的国家民族问题，这会涉及台湾、香港、新加坡等华语社区。那么，你对中华族裔或民族性有哪些观点？你是如何看待中国性/中华性（Chineseness）的？

张：这是海外语境中比较敏感的一个问题。杜维明的基本思路是，在“文化大革命”以后，“中华”传统在大陆产生了断裂，而这个传统在台湾、香港以及新加坡等地区和国家被保留下来，似乎边缘反而保存了中心的价值。这是杜维明、李欧梵等学者提出的“文化中国”概念，打个比方说就是树大根深，叶子反而保存了主干没有保存的东西。他们想从话语权上建构“中国性/中华性”的纯真，得出的结论是边缘更重要、边缘更中心。这套理论让我们重新思考并意识到，在文化和历史的语境中，中心和边缘不是一成不变的。这也是我在电影史研究中关注的问题，即在不同地区有不同的想象“中国性/中华性”的方法。我不愿意说哪个是最好的，因为这里没有唯一的标准，而且评判好坏也不是最重要的。我认为作为学者，关键是把研究的目标、对象与结果描述出来，而不是价值判断。杜维明的理论受到不少批评，不但在国内，在海外也有很多争议，但它的好处是打破了原来边缘与中心一成不变的框架，想象出在边缘有可能产生或生产出对中心更有意义的价值和文化产品。这套思路当前的最新发展就是史书美的“华语语系”（Sinophone），王德威的马来西亚华语文学研究也做出了贡献。马来西亚和美国的华语文学比

---

① 参见 Tu Weiming（杜维明），“Cultural China：The Peripheral as the Center”（《文化中国：边缘作中心》），in Tu Weiming（ed.），*The Living Tree：The Changing Meaning of Being Chinese Today*，Standford：Stanford University Press，1993。

台湾、香港更离散，这种在海外流散、不在华语中心的文学，怎样纳入中国文学、中华文学或华语文学？上述学者用“华语文学”而不是“汉语文学”，“华语”真的比“汉语”大吗？我感觉他们对“汉”字比较敏感，不用“汉语”用“华语”，这些当然都是建构。我们有五十六个民族，他们希望在大的范围内建构，其实主要还是在海外。史书美的观点据说争议比较多，她这个新的“华语语系”概念基本排斥了大陆，只保留台湾与海外。我曾经和她商榷，本来这个概念是要去中心化、去疆域化，但现在重新疆域化了，其实变成了政治论述。谁有这个权力来说这个属于“华语语系”、那个不属于“华语语系”呢？到最后，就不是学术上的区分了，而更像是一种地理政治的划分。

何：我注意到，一些台湾学者对疆域（territory）的概念非常敏感。他们经常批评大陆学者的政治导向，但有时候他们的政治导向似乎毫不弱于我们。

张：没错，他们的政治导向按我们来说是后殖民主义的。从政治的角度看，后殖民主义的目标就是争取话语权。一开始它为这些边缘化的、不受重视的文本争取话语权，通过争取文本话语权，研究者进而争取到自己的话语权。这一点很重要。在西方非裔的法语系统文学、英语系统文学中他们完成了重写文学史的工程。但是，在台湾和香港的语境下，这个后殖民的概念很不相同。比如，台湾的后殖民论述中，讲的是“后国民党殖民”，而不讲“后日本殖民”，出现了很有意思的历史和政治的错位。我们认为台湾的后殖民应该是日据之后，但他们大部分却用在国民党统治之后。在不同区域政治概念的引导下，会出现一些很有趣、值得继续探讨的议题。

何：你从事了大量比较电影研究实践。在你看来，比较电影研究与比较文学研究在方法论上有哪些不同之处呢？

张：比较电影研究的概念不是我提出的。西方学者保罗·威尔曼（Paul Willemen）认为，西方的电影研究历来都是以西方为中心的，只是象征性地选择中国、日本和其他地方的一些文本，然后用西方理论加以阐释，这是一种殖民心态。换言之，拿着西方电影理论的旗帜，在全世界到处插上一把，这又是圈定自己的疆域(territory)。很多西方学者并不在乎研究这些国别的电影,而是研究西方这些理论能不能解释这些国别的导演和作品。对此威尔曼很不满意,他提出真正的、理想的电影研究应该是比较电影研究。他没有展开阐述,但我推测他所谓的"比较"应该是原来比较文学意义上的不同国别文学的比较,因为他用的是巴赫金的对话理论,而后者强调在交往过程中有一种平等的对话。威尔曼提出重要的一点,就是希望西方研究者在研究非西方作品时,应该做到不仅了解非西方作品,而且同时能够反思西方理论。在我看来,这个观点非常重要。但是,在西方语境中,这属于少数派声音。我运用威尔曼这个比较电影的概念来重新整合以前华语电影研究中不太好涉及的话题,尤其是跨媒体的研究,比如刚才提到的戏剧与电影、文学与电影。这一类研究通过比较不同媒体的特性,可以更好地进行对话。除此之外,还有跨学科电影研究,比如电影音乐。这个研究到目前为止还很不成熟,华语电影研究迄今没有发表一本专门探讨中国的电影和音乐的著作。它是一个冷门,在西方电影研究中也不是太多,但毕竟有一批书。还有观众研究,怎样才能真正了解观众是如何看电影的、如何理解电影中的意义的?这方面目前也基本上没有比较重要的研究成果。我们有一些数据,比如哪一些观众喜欢哪一些作品,至于深层原因就不好说了,因为没有更深入的研究。我认为通过比较研究,可以在跨媒体、跨学科的层面上提出真正的比较。换言之,电影不是唯一的关注对象,应该通过研究电影与其他媒体、其他学科之间的交流,反过来更好地促进电影研究。这才是比较电影研究。在这个基础上,我们当然还可以继续拓展研究空间,比如好莱坞电影与华语电影的不同的国别电影研究,或者比较不同风格、类型的研究。这些都是有学术价值的研究课题,但目前我们的研究还没有打开这些空间。

何:有没有专门的比较电影研究的期刊呢?比如在戏剧领域,《比较戏剧》(*Comparative Drama*)是很有影响的。

张:没有,因为电影比较新。比较戏剧、比较诗学的研究都很发达。我认为比较电影研究也可以做,而且有很多可以做。现在我们的强项是文化研究，除此之外还有很多有待开拓的领域。最近二十年谈得比较多的是跨国研究，那么我想问在跨国研究的概念下我们做了什么？现在做的很多是跨文化研究，讲的是合拍片，但跨文化如果不比较，那么文化因素就都不见了。我们追求的都是演员是哪个国家来的、资金来自哪国、发行到哪个国家之类的问题，而发行之后这些文化因素都消失了。为什么只发行这一部电影而不发行另一部？发行后我们觉得不好为什么票房反而好？这里面有很多值得研究的内容，可以回归到原先不同文化背景的对比。但是，这方面研究很少，英文的也是。我希望建构一个比较的框架，在这个框架内可以做更多电影研究的项目。

何：我从事的跨文化戏剧研究中，观众也是一个重要的概念。比如张艺谋的《图兰朵》，跨国观众的欣赏（international spectatorship）对戏剧的生产有一个期待，期待影响了戏剧本身的制作和组合问题。与比较电影相对应，近来在比较文学领域中，哈佛大学的戴若什（David Damrosch）推广了“世界文学”的概念，戏剧也有类似的世界戏剧的概念。在今年国际易卜生大会上，我也提出“易卜生与世界戏剧”（Ibsen and World Drama）的议题。那么，电影研究是否借用比较文学概念？有没有“世界电影”这种提法呢？

张：电影研究倒没有借用比较文学的提法，但对于什么是“世界电影”有过一些讨论，不过语境与文学不尽相同。在文学研究传统中很早就有歌德的“世界文学”概念，一种大同的概念。在电影研究中，由于好莱坞的强势，所谓的“世界电影”是相对于好莱坞的。这个概念的尴尬之处在于，大家都承认好莱坞其实是世界的，好莱坞是全球化最成功的一个例子。那么“世界电影”中好莱坞占什么地位？这是一个问题。回到我刚才讲到的“国族电影”，有一位澳大利亚学者在一篇文章中列举了各种各样的国族电影模式。文章第一次发表时，作者把好莱坞模式排斥在外；几年后他重修分类时把好莱坞列进去了，列成“美国”，但是他又强调美国的国族电影是独立电影，好莱坞不是。这个现象很有意思，对这个话题我还在关注。4 月份在美国我要开一门课，其中一部分就是探讨什么是“世界电影”，我们也会像戴若什研究比较文学一样，讨论符合什么标准才能进入“世界电影”的行列。

何：我觉得戴若什的标准也有问题。他的“世界文学”概念中非常强调“翻译”（translation）和“流通”（circulation）。这个标准解释西方文学非常好，但是中国文学在国外的“翻译”“流通”很少，那么它的世界文学性怎么论证？用西方文学的概念来讲中国文学似乎不太合适。

张：确实如此。戴若什用比较机械的方法来定义“世界文学”，所以他提出可翻译的才是“世界文学”。问题是，可翻译成什么语言？为什么不是中文？他的原意是要面对“世界文学”定义的权力问题，即谁能够站在权威的地位承认一部作品是不是“世界文学”，所以他以翻译为准，似乎把权力交给了市场。当然他是以欧美为主，翻译的目标语言是英文。他的观点与现在的情况比较吻合，但是作为学术的定义还值得推敲，因为他没有完全质疑“世界文学”定义的权力机构。还有，我曾写过一篇英文文章，借用他的定义来观察中国现代文学。我提出一个问题：张爱玲的作品是不是“世界文学”？张爱玲的作品不但有翻译性，而且她自己也翻译了，可是她翻译出来后引用率并不高。戴若什的定义中列举了美国现代语言协会（MLA）的引用率，即所有发表的杂志文章中引用某个作家多少次。那么以引用率来看，张爱玲不多，是不是她就不属于“世界文学”？如果不属于的话，为什么？为什么她的英文读者群远不如中文读者群？这些问题很难解释。我们再来看“世界电影”，之所以很少提及这个概念，另一个原因是电影研究界有另外一个词——“国际电影”（international film）。国际电影中，好莱坞又占据着奇特的地位。什么是“世界电影”，还是一个十分难以界定的问题。所以这个概念在目前的电影研究中不是一个特别重要的概念。电影研究和文学研究一样，目前比较重要的概念还是“国族电影”。虽然由于电影特殊的生产和传播方式，电影研究已经打破了国族电影的疆域，从早期电影开始都是跨国的、跨文化的。这种情况下又回到刚才提出的翻译的问题，电影很多不需要翻译，而且早期的默片是不需要语言的。所以从语言的角度很难确定什么是世界电影。这方面还有很多值得探讨的话题。有些书是以世界电影为书名的，但研究方法和文学一样，在一个区域（比如说亚洲）中研究几个国别电影。

何：我们都知道，电影研究的方法上早期多是心理分析方法。前些年我们曾邀请原布朗大学、现任加州大学伯克利分校教授的玛丽·安·多恩（Mary Ann Doane）来南大讲座，她有很多心理分析方面的研究成果。在你看来，现在的电影研究方法论中还有哪些是主流的研究视角？

张：在美国，电影研究20世纪60年代走向学院化，70年代真正实现了机构化，出现了第一批“电影学”博士。玛丽·安·多恩大概也属于这一批。电影学术机制的生成决定了他们当时发展哪几种理论，道理很简单。一个是精神分析，另一个是符号学，进入70年代后则是西方马克思主义和意识形态理论。由于这三种方法论是那段时间建构的，所以它们交织在一起，用机构化的意识形态进行批评。之后在电影语言（镜头）、观赏模式（spectatorship）的基础上建构了“主体性理论”，一切都回到“我”“我看”，即通过机器怎样传达各种信息（意识形态、阶级、性别各方面的信息）。最传统的方法分两大块，即符号学与心理分析，用很具体的电影语言方式阐释意义。

到20世纪70年代末、80年代，女性主义进入批评视野，因为女性主义在70年代影响巨大。电影批评就从女性主义角度分析，对精神分析和符号学进行重新梳理，从性别的角度批评传统的男性中心观赏模式。这三个主流方法在80年代得到延续。

到20世纪90年代，产生了两个比较明显的变化。一个是以大卫·波德威尔（David Bonwell）为首的、比较传统的形式主义“认知模式”，以实证的方式非常具体地论证。按照波德威尔的说法是“中间的理论”，不是“宏大的理论”，他反对宏大。他用“中间的理论”、实证的方式来探讨电影的叙事风格、观众阅读电影叙事的方式，即传统的叙事学、风格学方法，比较早地建立了好莱坞叙事的经典。到目前为止，这些经典中有一些值得商榷，但基本上没法推翻。对这一套方法提出质疑的主要是电影史的研究，我把它称作“电影文化史研究”，也就是回到早期电影，代表人物是“芝加哥学派”的汤姆·甘宁（Tom Gunning）和米莲姆·汉森（Miriam Bratu Hansen）两位。他们认为早期电影是追求技术性、现代性的体验，通过电影把周边都市的现代性与技术性联系在一起。这种方法使电影研究跳出文本，回到文化研究，但是这个回归是用现代性理论重新建构早期电影。这类研究在90年代中期影响很大，像玛丽·安·多恩这批用心理分析方法的学者也回到了早期电影或三四十年代不同的电影文化史研究。所以在过去十年里最有影响的是关于电影文化史的研究。目前很难说有完全占主导地位的理论，大家的兴趣主要是文化史。昨天在介绍西方人文科学发展情况的时候，我也说过20世纪80年代以来的“文化转向”至今还在延续，在不同领域有不同的热点，在电影领域是早期电影的文化史。

何：刚才你提到女性主义和性别研究在20世纪80年代后对电影研究有重要影响，我们也知道，同性恋电影研究也很普及。今年6月份南京大学将召开一次性别研究会议，其中一个讨论主题就是跨性别表演研究(transgender performance studies)。最近中国电影塑造了很多跨性别的电影形象，你是如何看待跨性别电影研究的呢？

张：昨天我在回答问题时，也谈到我们要了解学术史。过去我们关注的是概念本身，而不观察什么情况下会出现这些概念。我个人的学术观点是强调学术史，知道学术史就知道为什么会产生学术争论。20世纪80年代以来，西方的学术机制日益求新，它不停地解构、质疑原来的理论观点，哪怕只是近三到五年的理论观点，不停地解构，不停地创新。这种创新就是在原来的基础上一分为二，再一分为二，再一分为二。这个思路就可以解释20世纪70年代到90年代的学术现象。70年代是女性主义为主导，女性主义是对男性中心的文学价值的解构。同性恋研究起源于80年代，在90年代最流行，它对女性主义进行很激烈的批评。在前者看来，女性主义还是建立在二元对立观点上的，而同性恋研究自身超越了二元对立，打破了性别这个唯一的、一成不变的疆界。但在同性恋研究中，性别区分还是很重要的界线。2000年后的酷儿研究(queer studies)在这个基础上完全打破了单向的性别研究，可以是双向或多向的，所以产生了双性或多性的表演，就是同时打破各种疆域，把一切的界线都模糊化，变成可超越的，把原来确定的性别特征都视为表演性的，至少是可以通过表演来超越的，这就是最近的酷儿美学。这方面华语电影研究现在开始逐渐有了起色，影像方面研究的语境也比过去宽松许多。其实回顾历史就会发现，好莱坞电影长期以来就表现出各种各样的性别认同的可能性或性别表演吸引观众的特征：演员们（尤其是明星们）男扮女装、女扮男装或者说易装扮演（cross-dressing）是喜剧中观众非常喜闻乐见的形式。早期电影中，鲁道夫·瓦伦迪洛（Rudolf Valentino）创造了一种新的男性形象——一种比较温和的男性，所以他有大批的女性影迷。现在文化史研究重新梳理后发现这是一个影像传统。过去国内华语电影很少用性别来梳理，谈得比较多的还是男性气质和女性气质（masculinity vs. femininity），由于我们文化和学术的语境比较敏感，除此之外的讨论很少，但是在台湾和香港，同性恋和酷儿研究比大陆更加繁荣。在影像方面，香港长期以来就有这些研究。比如林青霞刚出道时在电影《窗外》中是多么纯情的一个少女，但后期她最有吸引力的作品是《东方不败》，是一种男性化或双性特征的出现，这为她赢得了一大批西方影迷的青睐。如果不从跨性别表演的角度研究，用我们过去的学术话语很难解释这些现象。

何：电影研究中，空间问题也颇为重要，你在书中也曾多次提到"上海空间"的概念。请问空间概念是如何与电影研究相结合的？

张：我对空间概念的兴趣始于对上海都市空间的研究。这里面涉及两个方面。一方面是真实的都市空间对电影文化的影响，这个方向上李欧梵做了不少研究，他的《上海摩登》收录在我主编的论文集《民国时期的上海电影和城市文化》，去年由北京大学出版社出版中文版。他从机构的角度（包括都市空间）理解都市文化，做了很多都市空间对电影的影响的研究。另一方面是研究电影怎样反映都市空间以及都市空间在电影中的反映。这方面我的研究尚不算多，我主要还是从性别的方面来梳理，不过这里也有很大的研究空间。到目前为止，我认为尤其值得研究的是20世纪90年代后中国都市的迅猛发展对电影的美学呈现的直接影响。当代电影，从主流的商业电影到独立电影，对都市空间都有新的探索。

何：我的问题先到这里。下面请在座的各位提问。

施清婧：张老师，您刚才提到世界电影、跨文化电影和国际电影（international film），请问这些概念之间有什么区别？

张：按照我的理解，世界电影和国际电影基本上是一个概念，在西方开课，要么叫"世界电影"，要么叫"国际电影"。它们的涵盖面基本一样，但是理论上的阐释面没有得到太多关注。目前这不是一个理论热点，但也不是没有研究价值。如果要研究，应该按照比较的视角来做，就像比较文学中对世界文学的研究一样，如果能把这两个话题结合起来，应该是个很有意思的课题。至于跨文化电影，刚才我说过，电影其实都是跨文化的。国内用得比较多的是"跨文化"，国外多用"跨国别"（transnational），这个"国别"（national）可以指文化，就是跨越文化的疆界而不一定是国界，所以"跨文化"与"跨国别"这两个概念比较接近。不过我认为，"跨文化"可能更准确一点，因为这不单单是一个国界的问题。

郝志琴：张老师您好。您刚才提到观众在电影或戏剧的欣赏中的地位和作用。我想请问如何研究戏剧表演中观众的作用呢？

张：戏剧研究我不是专家，只能谈谈通行的研究方法。从社会学研究的角度看，一定要有问卷调查，在问卷调查的基础上最好有反馈。这种研究在西方一直是比较难做的，包括小说阅读。西方文化研究的学者长期跟踪一个群体，一直做问卷调查，需要有一段时间才能拿到真正的第一手素材，根据这些素材进行回馈，确定该群体是不是有这方面的意向，然后再来分析。人类学家、社会学家擅于田野调查，定点在某个地方，一段时间内把这些数据来回地梳理几遍。据我了解，华语文学研究与电影研究中至今还缺乏很有创意的相关研究。我们现在有一些数据，知道观众喜欢什么演员，但为什么喜欢我们就不知道了。这种研究方法有别于我们传统的文学文本批评方法。现在还有从大脑认知的角度做研究的，方法很多样。

柏云彩：张老师，我在读卡里尔·丘吉尔（Caryl Churchill）的戏剧。她在很多作品，比如《九重天》（*Cloud Nine*）中，将“反串演出”（cross-gender casting）或“角色替身”（doubling of roles）作为一种新颖的戏剧创作手法。我想请您谈谈这种手法的效果。

张：回过头来想一想，其实我们看电影、看戏、读文学，都希望接触一些超出日常生活的事情。第一要有刺激，第二要有震撼，之外还要有一些新的思想，让我们产生一些新的想法。因此，艺术和学术都要创新。为什么在表演方面“易装”（cross-dressing）是很正常的现象？因为易装形象突然一出现，就会产生震撼，长期发展就会产生自己的一套美学，它挑战我们对世界、对主流价值的认识。我们在阅读文学、观赏电影时都希望探讨不同的话题，寻求新的价值，发现新的眼光。现当代艺术中，很多就是让你看到你原本想象不到的东西，比如视觉艺术，有时候我们普通观众无法欣赏，觉得很不合适，其实这正是艺术家希望产生的效果。在戏剧和电影表演中都有很长时间的易装表演的传统。

陈曦：张老师，您怎样看待文化研究与文学理论的关系？刚才您提到比较电影研究中的“对话原则”是不是所有文化研究都应该遵循的原则？

张：针对文化研究比较多的批评就是它的学科界限不清晰。原来文学研究的方法被应用于不属于文学学科的其他客体，比如流行音乐、表演、广告等现象。对这些现象做非常具体的文本研究，挖掘它的意义，这是做文化研究很重要的方法。这种阅读往往是建立在某种文学理论的观点之上，每个文化研究背后都是比较确定的研究视角，总的来说就是建立在意识形态上的阅读，分析背后的意义。从西方文化研究学术会议的议题就能清楚地看出，有几个关键词总是出现，比如性别、阶级、政治（学术政治、表演政治）、意识形态、权力、种族/族裔（race and ethnicity）等等。这些文化研究通过不同的理论来探讨各种文化现象，像过去研究文本一样，通过关键词处理文本、观众和阅读。不过，在文化研究中，“美学”这个词很少出现。现在大多数文化研究并不跨文化，所以我提出比较电影研究有两个出发点，要么跨文化，要么跨媒体，在不同学科阅读之间进行交流、碰撞，就可能产生新的火花，能够发现之前没有想象到的新的意义。从这个意义上讲,“对话原则”是非常必要的。

沈春花:张老师,您刚刚提到的很多关键词都反映在目前比较热门的一些理论中。作为刚刚开始进入学术领域的新人,我们对理论有一些困惑。理论从一开始建立到高潮,再到后来往往会逐渐显现出后劲不足的态势。解构、性别等理论渐渐地就会进入一个困境。我们在使用理论时,也会产生类似的困惑,一开始觉得理论蛮好用,但逐渐对理论的价值产生怀疑,自己难以掌握。您如何看待这个问题?

张:我一直强调“对话”的概念,我认为不必用同样的理论思维来处理所有的课题。比如说,从某些理论出发,以它固有的特殊观点分析,能产生让你认为特别有说服力的解说。但有时候从一个理论视角出发,结果往往在意料之中,几乎可以预测。我曾经编过一本比较文学论文集,其中有一些女性主义批评和性别批评。当时一名审稿专家就说,这组文章最有对话性、连贯性,其他文章与之相比都有差距,但是它们的观点又都是可以预测的。一看女性主义,就知道它要讲哪些问题——在做研究的过程中,一开始很难避免这种情况,但是要逐渐避免,要根据不同的研究客体选择方法,比如说大家已经用女性主义把这篇文章分析得很透彻了,你还引用这些成果、采用同样方法,这就没有新意。有时候我们不一定要用理论的观点,而是用它的观点组织思维,自己不一定要进入理论的思维模式。比如心理分析的思维可以用,但不必套用它的逻辑,一套逻辑就会非常机械化。换句话说,可以靠上理论,但不一定要投身于它的体系、被它束缚,而应该靠近它的思维,借用一些观点,走自己的路子。把它当作复杂的系统而不是单一的结构,在这个系统中寻找对自己有启发的一些思维方式。

何:非常感谢张教授的精彩解答,欢迎您再来南京大学讲学!

表演研究

——与丽奈特·亨特的访谈[①]

自20世纪中期开始，西方人文社会科学学界在后现代主义的背景下发生了“表演转向”(performative turn)，从与“表演”关系最密切的戏剧学，到语言学、修辞学、人类学、人种学、社会学、历史学等学科，均受到了这股思潮的影响。这一思潮将“表演”这个原本只属于舞台的术语扩展成适用于所有人类社会行为的标志性隐喻，在这一转变中，研究者不再无条件接受人类行为的客观实在性，其研究方向因而也从总结人类行为规律转向这些行为背后的复杂成因。“表演研究”也是在吸收了上述各个学科变化之后形成的新学科，其创始人之一——纽约大学的理查德·谢克纳(Richard Schechner)甚至称相比于传统各学科研究方法，“表演研究”是一种“范式性的转变”(paradigmatic change)。目前，“表演研究”在西方和一些第三世界国家正处于蓬勃发展的阶段。

以下是表演研究方面的知名学者、加州大学戴维斯分校戏剧舞蹈系主任丽奈特·亨特教授(Lynette Hunter)对这个新兴学科的介绍。亨特教授在任教戴维斯分校之前，曾长期在英国利物浦大学、威尔士大学、爱丁堡大学、利兹大学等高校中担任文学、戏剧、修辞学、表演学等领域的研究教职，对欧洲

① 南京大学外国语学院英语系博士生施清婧整理。

和美国的“表演研究”发展及其异同有着深刻的理解。

施清婧(以下简称施):您能向我们介绍一下“表演研究”产生的背景吗?

丽奈特·亨特(以下简称亨特):“表演研究”是一个兴起不过三十年的年轻学科,所以描述它的术语还没有达成一致,你可能会看到各种不同的表述。它之所以引起越来越多人的兴趣,在我看来首先是因为世界越来越开放,越来越能够接受不同文化的表达。例如在西方,人们开始愿意接受不同的民主结构。你知道,原先在西方,掌权的人都有着相似的社会、教育背景,但是第二次世界大战以后,权力结构中出现了不同的人,有人来自贫民阶层,有人是农民,有人是工人,还有人是商人。当一个社会中有越来越多来自不同背景的人提出文化和政治诉求时,就需要我们来做出解释:他们有怎样的举止,如何穿着,如何谈吐,如何交流等等。而“表演研究”恰恰在这里可以发挥很大作用。它几乎是和“文化研究”同时产生的,但它和文化研究不同,后者主要关注人和社会制度的相互影响,以及如何去改变,这是非常重要的。“表演研究”也可以做到这一点,但是“表演研究”不止于此,它还关心:人们为什么要这样做?为什么他们会甘愿踏出“舒适区域”?为什么愿意去冒险?很多人之所以愿意选择“表演研究”这个领域来探索这些问题是因为他们可以和艺术家合作。艺术家在各个历史时期、各个文化中都是“合法的违法者”,他们可以在很大范围内去合法地做这些“冒险的”“令人震惊”的事情。“表演研究”不仅关注人和权力之间的博弈,更关注什么使他们愿意站出来挑战权威和权力。

“表演研究”的理论来源非常广泛,涵盖了人类学、修辞学、语言学、戏剧研究、心理学等等。理查德·谢克纳拥有人类学研究背景,苏-艾伦·凯斯(Sue-Ellen Case)等学者拥有戏剧研究背景,就我个人而言,作为一个修辞学历史学者,我和朱迪斯·巴特勒、香农·杰克森(Shannon Jackson)还有其他一些这个领域的顶尖学者一样,比较关注修辞的作用。20世纪中期修辞学研究曾经在西方学院中消失了,但在20世纪70年代末又重返人们的研究视野，如今关于修辞学的研究很大部分是在“表演研究”的领域里完成的。例如巴特勒的《性别麻烦》（*Gender Trouble*）、《身体之重》（*Bodies That Matter*）等，研究的是人们如何表现某种姿态，实际也属于修辞学的范围。

施：您刚才提到了理查德·谢克纳教授，他是“表演研究”的先锋，也是向中国读者介绍“表演研究”的重要人物。那么您和您在戴维斯分校的研究是否受到他的启发？

亨特：没有，我们的工作方向是不同的。我并不相信“进入一个人群去发现他们生活状态”的这种方法。人类学本身在近些年来已经改变了很多，但是在20世纪六七十年代谢克纳教授刚刚开始将人类学和表演研究联系起来的时候，这种方法曾经受到过严重质疑，许多人类学家认为它具有新殖民主义的倾向。由于我个人曾经在后殖民研究所工作过很多年，所以在进入表演研究的领域时，我没有选择人类学的方向。所以我的研究和谢克纳教授的非常不同，如上所说，我是一名修辞学家，我的工作更接近于朱迪斯·巴特勒、香农·杰克森等人，当然她们的研究更加学术化。她们都比我年轻，但是我非常钦佩她们的成果。

施：“表演研究”和中国读者所熟知的“审美研究”“文学研究”有什么不同？

亨特：“文学研究”和“表演研究”的不同之处在于文学研究很少去探究作者的状态，而是关注读者的状态。当然也有一些学者注意到作者，例如很多人在发现华兹华斯和他的妹妹多萝西·华兹华斯的共同创作时很激动，这就是一个很好的“作者如何写作”的状态研究，但是类似的成果不是很多。更多的学者研究的是文本如何运作，比如我们熟知的“文本研究”，以及读者对文本的反应。但我关注的可能就是“读者怎么坐”“他们坐在哪里读”“坐下来有没有端一杯茶”这样的现象，对我来说，这些都具有强烈的表演性。实际上由于教育的普及，现在的读者普遍具有不错的解读能力，他们在阅读过程中不断地与作者、文本进行对话，最终创造自己对作品的理解，这被称为“阐释”，其实，这也是一个表演的过程。

关于“审美研究”，传统审美研究建立于普世价值之上，之所以称为“普世”是因为提出这些标准的人恰恰是拥有权力的人，对西方社会来说，这些人大约只占社会人口的5%。但是在第二次世界大战之后，这一切都打破了，在这5%以外有一批人想要去争取文化价值认同，他们的文化价值显然不同于原先的“普世价值”。所以很多人不接受这种新的变化，因为“审美”将不再是“普世”的了。但问题是原来的价值也只是5%的人赞同，社会上其他95%的人都不懂，这怎么能称为“普世”？这就是过去几十年间审美价值发生的变化，对西方社会来说，我们看到了不同于我们价值观的非洲文化、亚洲文化等等。当然我并不是说原先的“审美”已经消失了，只是我们必须接受一个非“普世”的审美价值体系。

施：我注意到“表演研究”借用了许多其他批评理论的思想和术语，例如女性主义、后殖民主义等等，这是否意味着“表演研究”是另外一种批评理论？

亨特：确实如你所说，“表演研究”借用了许多其他理论的术语，不仅是批评理论，还有哲学思想。批评理论帮助我们建立一套“词汇”以便在进入其他领域时可以运用，从这个意义上说，我认为“表演研究”确实是一种批评理论。

但是我们必须看到，“表演研究”还是一个很年轻的领域。在我的课堂里你会发现我自己创造的新的“表演研究”词汇。我创造，是因为在这个领域里还没有这些词出现。不仅是我，其他的批评家也在做同样的事，例如加州大学欧文分校的布莱恩·雷诺兹(Bryan Reynolds)借用德勒兹的理论，但是又在其中加入了新的内涵。“表演研究”和“文化研究”一样，都借用了其他理论。问题是，“表演研究”将目光投向了文化之外的地方，投向了之前少有人关注的地方。比如在过去，西方知识界没有人愿意承认“动作”(movement)也是一种知识。所以“表演研究”在这方面必须建立自己的理论体系。当然梅洛-庞蒂的现象学做了一些这方面的研究，但是主要集中在视觉方面，而非身体。有些学者因此转向了神经生物学，试图用科学来阐释身体的运动，不过我认为用神经生物学的词汇来解读表演是非常有限的。但是无论如何，这个领域的学者都需要建立自己的理论话语，所以我们的项目组和批评理论组的互动非常密切。

施：“表演研究”对艺术实践的强调意味着每个学者所做的研究可能都是非常个人化或暂时性的，那么它是否具有一个稳定发展的理论体系并且进而能对别的学科产生影响？

亨特：当然。还是拿我们系的情况做一个参考。在我们的博士项目里，我们鼓励实践，所以招收的博士生都是具有二三十年艺术教学和实践经验的学生。他们进入学校后，在学习理论的过程中开始对过去的艺术实践进行有意识的反思，有很多学生认为理论学习极大地触发了他们的艺术创作灵感，艺术水准得到了明显提高。但并不是所有学生都从事艺术，也有学生从事理论研究，例如从实践角度谈现象学。我希望“表演研究”对实践的强调能够革命性地改变许多研究。因为我实在厌倦了那种只注重“接受”这一方的研究方法，我认为创作者的心理感受和读者/观众的一样重要，但是它没有受到应有的关注，因此我希望“表演研究”能带来一些影响。在我看来各种“表演”其实是将人们不同的价值观合理化的过程，所以“表演研究”能够帮助人们认识到，即使来自不同文化、不同背景，他们的价值和掌握权力者也是平等的、同样重要的。对我来说，这是从事表演研究的动力之一。

施：我知道您在来到戴维斯分校之前在欧洲旅居了三十多年，在不同大学任过职。据您所知“表演研究”在美国、欧洲和世界其他地区高校的发展状况如何？有何异同？

亨特：不同国家之间的差异很大。例如美国在“表演研究”方面远远落在其他国家后面，“表演研究”作为一个新的学科还没有得到完全的承认。事实上戴维斯分校戏剧舞蹈系的“表演研究”方向是全美唯一一个允许学生一方面投入艺术实践，一方面进行历史、理论探索（也即“理论联系实际”）的博士点。其他大学的“表演研究”项目通常只开设理论方向，并不鼓励学生参加艺术实践。基于这个状况，美国的“表演研究”方向很大程度上偏向于

“接受”,而非“创作”,所以我校的这个项目可以说是“非主流”了。当然像伯克利分校的香农·杰克森、洛杉矶分校的苏-艾伦·凯斯、苏珊·福斯特(Susan Foster)等人都很重视实践,只是美国的主流是将实践与理论分开。

加拿大、欧洲的情况则不同。加拿大有好几个“实践-理论研究”(practice as research)项目,而英国更多达六七十个。而在欧洲其他国家以及新西兰、澳大利亚,这种研究方法也得到了广泛的应用。甚至巴西等南美国家的研究进展也相当不错。我对英国的情况比较熟悉,从1994年、1995年起,英国的“表演研究”学者就开始提出:表演是创造知识的一种途径。因此他们就必须设计一套系统来评价、测试、证明这一论点,所以英国的“表演研究”系统起步比较早。两年以前,英国全国就已经有了一百八十七个“表演研究”博士点,现在可能更多。

施: 刚刚我们谈到了很多不同国家的发展,其实我们现在的世界比以往任何时候都更紧密地联系在一起,您认为全球化对“表演研究”的前景将会有什么影响?

亨特: 已经有许多“表演研究”学者对全球化问题做出回应,例如苏-艾伦·凯斯等。“全球化”的影响有两方面。一方面,大家对文化一致性(cultural normativity)更加关注。举个例子,新加坡裔学者 Eng-Beng Lim 在几篇文章中谈到了新加坡对待同性恋的态度是如何因为全球化而转变。他指出由于美国电影、电视剧对美国同性恋生活的描写和展现,以及它们在新加坡的商业市场运作,使得新加坡这个原本保守的国家在过去十到十五年里开始对同性恋文化持宽容态度,因为这是一种带来金钱的“文化”!他们拥有购买力,并且能够建立消费基础。所以这个由文化一致性带来的现象就变得非常有趣,我称之为“抓住机遇的市场”(niche marketing),“表演研究”在这里可以分析文化与权力的关系。从另一方面来说,在全球化背景下,许多人开始担忧,认为世界将变得毫无差别。在这个意义上,“表演研究”就更重要,因为“表演研究”为特定场合的表演创造词汇、视角、方法来进行研究,以便人们对特定场合的价值进行言说,这种特定场合可能是只属于某个人群的文化圈,他们不需要全世界来认同,不需要向世界反复宣传他们的感受,只要这种特定场合对他们的文化是有意义的,对于整个群体具有凝聚力作用,就是具有价值的,并不需要全世界来肯定。这对于那种"得不到认可就认为没有价值"的想法具有一定的纠正作用。所以"全球化"不是绝对负面的,它向我们原有的知识体系提出了挑战,我们需要重新思考。

施: 在全球化的背景下,世界上出现了"跨文化表演"现象。您对此怎么看?

亨特: 对,我知道有这种表演。事实上我刚刚在艾利卡·费舍尔-李希特(Erika Fischer-Lichte)在柏林主持的国际研究中心做了六个月的访问,许多研究者在这个中心进行跨文化表演研究。跨文化表演当然有一定的问题,很多人指出这种表演是"受剥削"的。并且很多跨文化演出往往出现在一些"艺术节"上,而且和"国家剧院"有密切联系,可以说这些演出是"国家"想让你看到的形象。但是跨文化表演中也有很有价值的地方。我受到中国道家文化的很大启发,把道教运用到自己的表演中。又如有着"日本贝克特"之称的太田省吾(Shogo Ota),他在与欧洲导演的交流过程中相互学到了很多,但他们并不做同一个作品,而是分别把这种新的表演方式带回自己的文化中。再如美国的现代舞,原本从亚洲舞蹈里吸收了很多养分,现在又重新反馈亚洲文化。但我们必须认识到这些工作都是由艺术家独立完成的,通常并不是由"英国文化处"这样的政府机构主导。所以我所赞成的"跨文化表演"是由艺术家独立完成的,不受任何文化机构影响的表演。

施: 您刚刚谈到您受到中国道家思想的启发很大。那么您对想要进入这个领域并发挥更大作用的中国学者有什么建议?

亨特: 中国是一个表演资源异常丰富的国家,中国文化也已经极大地影响了西方的表演形式,所以我很惊讶中国学者还没有大批进入"表演研究"这个领域。据我所知上海戏剧学院的孙惠柱教授提出过"表演研究"的一个分支,就是"社会行为研究"。但是我个人对中国的文化更感兴趣,因为中国幅员辽阔，文化也非常多元，这是非常重要的。中国拥有属于自己的演出系统，所以以这作为一个出发点应该是一个很好的选择。但同时你们也必须走向世界，到其他国家了解世界的趋势，以丰富自己的研究。

诺贝尔文学奖、中国文学以及瑞典文学

——与谢尔·埃斯普马克的访谈[①]

谢尔·埃斯普马克(Kjell Espmark,1930—),瑞典著名作家、诗人、文学评论家,斯德哥尔摩大学文学史教授以及瑞典文学院终身院士,1988年至2004年出任诺贝尔文学奖评选委员会主席。埃斯普马克教授热爱创作,已出版《对本雅明的谋杀》(*The Murder of Benjamin*)、《通过镜头看世界》(*The World Through the Eye of the Camera*)、《微观宇宙》(*Microcosm*)、《公开的对话》(*The Public Conversation*)、《地下的对话》(*Conversations Underground*)、《灵魂翻译》(*Translating the Soul*)、《灵魂形象》(*Image of the Soul*)、《秘密的进餐》(*The Secret Meal*)等诗集十二部,小说《失忆的年代》(*Time of Forgetfulness*,共七卷)、《伏尔泰的旅程》(*Voltaire's Journey*),传记《大师马丁松》(*Harry Martinson – The Master*)和多部文学评论集。他所撰写的《诺贝尔文学奖:选择标准的探讨》(*The Nobel Prize in Literature: A Study of the Criteria Behind the Choices*)是介绍诺贝尔文学奖评选标准及原则的权威著作。埃斯普马克教授曾荣膺多项瑞典和国际的重要文学奖项,包括瑞典日报文学奖(Svenska Dagbladet Prize for Literature,1975年)、许克奖(Schück Prize,1980年)、瑞典贝尔曼文学奖(Bellman Prize,1985年)、凯尔格伦奖

① 南京大学外国语学院博士生杨逸整理。

(Kellgren Prize,1998 年)、九大家协会奖(The Society of Nine Great Prize,2000 年)等。

2012 年 10 月 26 日,应南京大学人文社会科学高级研究院的邀请,埃斯普马克教授莅临南京大学举行学术讲座。

何成洲(以下简称何):高行健和莫言都是诺贝尔文学奖得主,他们的作品我都很喜欢。在我看来,莫言和高行健是不同的,在一定程度上形成互补。莫言的叙事着眼于中国某些地域中的家庭,中国有很多小说与这个风格相似。但是高行健的写作则不同,他不讲家族传奇,而是更关注人的内心,以“我”“你”和“她”作为笔下角色。高行健似乎更内在,他试图远离政治和社会中心,就像一个四处漂泊的流浪者,追求自由,不受意识和道德的约束。你觉得莫言和高行健的区别和共同点分别在哪里?

埃斯普马克(以下简称埃):莫言和高行健是非常不同的,但从非常抽象的层面上来说,他们又有共同之处。他们的作品,比如高行健的《灵山》和莫言的小说,都是既充满了奇幻色彩(fantastic)又极度写实(realistic)。他们的作品里面都出现了平凡的村民,这些人物质生活并不富裕,居住在一个与外界交流很少的地方。《灵山》是在深山中,而莫言作品里的人大多生活在他的家乡高密。不同的是,《灵山》的主人公是个人,而不是家庭,讲的是人的信仰和心灵轨迹。它开创了一个新的时代,因此高行健也被认为是中国戏剧、散文的“开拓者”①。关于莫言,我还想说,他以乡村为创作背景,叙述的主要是贫苦农民的故事,但他的作品又是包罗万象的(universal),因为他的笔下融入了很多事物。从他的小说里,你能看到很多线索。例如,小说的地

① “开拓者”一说参见 Kjell Espmark, *The Nobel Prize in Literature: A Study of the Criteria Behind the Choices*, Boston: G.K. Hall, 1991(中文译本题为《诺贝尔文学奖内幕》,已由漓江出版社于 1996 年出版,译者李之义)。自 20 世纪 40 年代到 70 年代初,诺贝尔文学奖评委会一度以此作为评选的关键词,T.S.艾略特、安德烈·纪德、威廉·福克纳、欧内斯特·海明威等人都被视为不拘于传统创作、大胆创新的“开拓者”。

理场景设定在山东高密，那里没有沙漠或高山，但他却把世界各地的地理风貌都浓缩（condense）在了那个地方。除了地理层面，在莫言的小说里，历史也高度凝练。他讲述了从19世纪到现在的历史，所有事件都在那里发生。在其作品中，地理和历史集中到一个非常小的节点上，却又能够反映出整个人类的生存状态。还有一个值得一提的细节是，诺贝尔文学奖似乎一直倾向于颁给年逾八十之人，而莫言只有五十七岁，他还能继续创作下去，这很好。在我看来，高行健和莫言都是诺贝尔文学奖很好的选择。

何：众所周知，你是优秀的诗人，写过很多出色的诗篇。关于诗歌，我发现一个很有趣的现象，那就是在瑞典、挪威等斯堪的纳维亚半岛国家，诗歌在当下依然非常的有影响力。反观当代中国，诗歌可以说几近销声匿迹。那么，你觉得究竟是什么使得诗歌在瑞典这些国家始终生机勃勃？

埃：这要归功于瑞典极强的诗歌传统和影响深远的诗人们。如果你将人口九百万的瑞典和其他国家——特别是法国、英国——做对比，你会发现瑞典出现伟大诗人的概率要高得多。在瑞典，诗歌传统很悠久，出类拔萃的诗人也很多。自20世纪30年代以来，瑞典诗歌和散文都进入了“黄金时代”。在我个人看来，诗歌和散文非常接近。那个时代许多对后世影响深远的诗人开始崭露头角，代表人物有哈瑞·马丁松（Harry Martinson，1904—1978）、亚德·隆德奎斯特（Artur Lundkvist，1906—1991）和贡纳尔·埃凯洛夫（Gunnar Ekelöf，1907—1968）等。他们以大胆的想象、生动的意象和节奏多变、无韵的自由诗展示了瑞典文学中现代主义的突破。我所有的小说和最好的戏剧都基于特定的诗歌。《失忆的年代》[①]中的七部小说都以一首二十年前的英国诗歌为基础。这样，小说一方面具备了史诗特质，另一方面又能表现出社会批判性。这种批判不是举着条幅上街游行，而是渗透在作品

① 《失忆的年代》是一部具有西方现代主义特色的长篇小说总集，由七卷较短的、互相呼应但相对独立的长篇小说构成，分别是《失忆》（*Forgetfulness*）、《误解》（*Misunderstanding*）、《蔑视》（*Scorn*）、《忠诚》（*Loyalty*）、《仇恨》（*Hate*）、《报复》（*Revenge*）、《欢乐》（*Happiness*），其中第一卷出版于1987年，最后一卷出版于1997年。

的文字中。

何：20世纪60年代，欧洲的政治局势非常活跃。那个时期瑞典是什么情况？当时是否也像法国一样处于一个革命浪潮激荡的年代？

埃：是的，政治局势的变动是从1965年开始的。政府对我的小说《失忆的年代》非常恼火，于是开始对我施加压力。他们意识到我的批评来自左派思想。为了迫使我否认这一点，他们说我的批评具有右派倾向，与法西斯主义有关。这就是他们践踏我提出的批判意见的方法。举个例子，我曾在一本书中写过前首相、瑞典社会民主党[①]人士奥洛夫·帕尔梅（Olof Palme，1927—1986），他在1986年遇刺身亡。在书中，我详细描述了这位首相所遭受的批评，于是在别人眼里，这本书似乎就成了我本人对帕尔梅进行的批判，但是这并不是事实。首先，这本书并不是关于奥洛夫·帕尔梅，我不会试图将这些内容写进我的作品。我所做的是将一些部分组合起来，这样最后拼成的画像比个案更具有普适性和可信度。这本书的书名是《仇恨》（*Hate*），主要叙述的是这位首相所招致的各种仇恨，这些仇恨有些来自保守派，有些甚至是他本人对自己的憎恨。总之，仇恨包围着奥洛夫·帕尔梅。然而，人们却说，这些仇恨都是我本人的，我仇恨帕尔梅，我在攻击伟人。实际上，在很多方面我都很欣赏他，在书中我只是在描述政治困境。所以这种说法太愚蠢了。不过，这种写作方式能避免批评，而在《失忆的年代》系列小说之四——《忠诚》（*Loyalty*）中，我采用的批评方式则非常危险。它讲述的是斯德哥尔摩剧院附近的一位退休建筑工人，反思当初参加工人运动的正确性，对自己展开了一场自我审判。主人公的哥哥在西班牙内战中牺牲，但是这并不要紧，在小说中，已故兄长始终以弟弟的良知（guilty conscience）的化身和第二自我（alter ego）的身份出现并追随其终生。小说将两人联系了起

---

① 瑞典社会民主党，简称瑞典社民党（Sweden Social Democratic Party，简称SAP），又称为“工人党-社会民主党”或“社会民主党”。该党派成立于1889年4月23日，是瑞典历史上成立最早的政党。1917年，瑞典社民党发生分裂，党内激进派别分裂出去组成了“瑞典社会民主左翼党”（即现在的瑞典左翼党）。

来。身为无政府主义者的哥哥谴责弟弟背弃年轻时的理想、背叛阶级团结(class solidarity)并效忠瑞典社会民主党。弟弟应道:“是的,我不得不这么做。你必须妥协。我知道太多权力聚于中心,但这是为了国家好。”这种自我审判非常扰人。鉴于此,他们必须消除(neutralize)这种影响,所以他们说这是右派思想。当我的诗集在瑞典出版的时候,曾经有一个左派广播节目主持人称我为右派诗人。于是我对他说,如果他在节目中这么说,我就退出节目。我不希望被贴上标签。有趣的是,你可以看到,即使是在瑞典这样开放自由的国家,人们还是会将人分门别类。最近,在瑞典一家权威性报纸上,我开了一位政治领袖的玩笑,于是这家报纸拒绝给我的新书写书评,而其他的报纸都在新书出版第一天刊登了各种评论性文章。这不仅是政治,更是一种政治心理。你会发现这种社会政治机构无处不在。

何:人们通常认为,诗人热情、感情丰富(dionysian),而评论家却需要随时保持理性(apollonian)。作为一位诗人和文学评论家,你是如何实现作家、诗人、文学评论家这些身份间的不断转换?你又如何看待这种身份的转变?

埃:这些身份并不矛盾,在某种意义上还相互支撑。表面看来,作为文学教授,我了解文学概况并教授文学课程,这样我就可以不用再去“发明”诗歌(他们说诗歌是发明的)。另一方面,作为文学史学者和诗歌分析者,我洞悉诗歌的形成过程。不过,诗歌中有更错综复杂的组合。根据我的诗歌创作经历,诗歌就是一个微观世界(microcosm),你可以进入它,获得关于其内部自成体系的条件和自然法则的体验。与此同时,这个微观世界迫使宏观世界(macrocosm)逐步明朗化,也即诗歌迫使现实露出真实面目。这就像阅读卡夫卡的《审判》(*Der Prozess*),一瞬间你会意识到城堡中的法律程序是怎样的,权力又是如何构架的。这就解释了为什么卡夫卡在东欧和苏联遭禁,因为如果以卡夫卡的视角审视社会,那么政府的合法性必将受到质疑。这就是我在文学研究和文学创作中的看法。至于身份转换的问题,让我用一种简单而形象的方式回答你。当我把衬衫的扣子扣上,便是个评论家。然后,我解开扣子,就变成了诗人。

何: 诗歌在很多情况下被认为是不可译的。作为母语是瑞典语的诺贝尔文学奖评委,实际上在很多时候你阅读的都是文学作品的译本。请问翻译是否影响文学——特别是诗歌——的理解和享受?

埃: 这个问题触及了诺贝尔文学奖评选工作中的一个重要方面,尤其是对诗歌作品来讲。评委会成员都掌握多门语言,而我本人会六门语言。学院里有精通各国语言的专家,包括很好的中文专家。但是,在面对一些非欧洲语言时,我们还是需要依赖翻译。对于这些语言,我们经常要依靠所谓"秘密的翻译"(secret translations),因为有些作品有时还没有英语或其他语言的译本。我们要委派特别的专家来翻译,而这种翻译我们只做十八份,因为只有院士要阅读。我也可以讲我的一些方法,比如说波兰有一个女诗人叫维斯瓦娃·辛波丝卡(Wislawa Szymborska, 1923—2012),她在1996年获得了诺贝尔文学奖。我当然无法读波兰文原诗,但是我可以读德语、法语和英语的版本,然后比较这些版本,看其中有什么不同。尽管如此,这毕竟还是译文,我无法得知这些诗歌用波兰语读起来是什么样子。因此,我还会录制一份这些诗歌的波兰语朗读版,这样我就能听出其中的音韵和节奏。不过,这样还是不够。我还是不能够了解这些诗歌对于波兰的读者意味着什么,波兰的听众从诗歌的音韵中体会到了什么,还有它们对于波兰作家有什么样的影响。这种情况下,我需要继续了解这个诗人,因此我会求助于波兰语专家,由他/她向我解释诗歌中的音韵、结构以及这些诗歌与其他波兰诗歌在整个诗歌体系和文学大环境中的关系。我会尽全力去弄清楚这些诗歌在另一个世界里是怎样的一种效果。在这个过程中,诗人是不能参与进来的,所以这是个浩大的工程。诺贝尔评奖委员会就是承担以上这样的工作。我们不决定谁获奖,只负责提名。每年5月底,我们从两百名提名者中筛选出一个五人的短名单,而看这五名作家的全部作品,就成了十八位院士整个夏天的"暑假作业"。9月再开会的时候,所有院士都已看过作品,经过三周激烈讨论,全体院士投票选出今年的获奖者。

何: 我的问题先到这里。下面请在座的各位同学提问。

学生一：中国新文学始于新诗，新诗在历次文学运动中发挥了重大的先锋作用，无论是在大陆还是在台湾都产生了深远影响。在中国诗歌发展的过程中，人们常常对新诗的身份存疑，质疑其对外国诗歌的大量模仿。鉴于此，很多人呼吁回归古典，提倡向民歌学习。请问在当下我们究竟应该如何发展新诗？

埃：我通过北岛（1949— ）、顾城（1956—1993）等人的诗歌追踪当代中国诗歌的发展，他们的诗歌都有瑞典语译本，我也曾为一名叫作麦城（1962— ）的中国诗人的瑞典译本写过序言。在我看来，批评这些诗人对外国诗歌的借鉴完全是一种偏见。事实上，现代诗歌的真正创新之处在于将旧的传统与新的诗歌创作方式相结合。一个很好的例子是 T. S. 艾略特（T. S. Eliot，1888—1965），他的诗歌中既有源自约翰·多恩（John Donne，1572—1631）的英国诗歌传统，也有来自法国的现代诗歌影响，这种结合成为新诗歌的起点。另一个例子是20世纪最伟大的西班牙诗人、“二七一代”的代表人物费德里科·加西亚·洛尔迦（Federico Garcia Lorca，1898—1936）和他的兄弟，他们将传统的西班牙巴洛克诗歌风格与法国现代诗歌相结合，进而形成了自己独特的风格。墨西哥诗人奥克塔维奥·帕斯（Octavio Paz，1914—1984）从本土印第安人的诗歌传统中汲取营养，创造出独具特色的诗歌语言。还有一个例子是阿拉伯诗人阿多尼斯（Adonis，1930— ），他将现代法国诗歌的影响融入阿拉伯传统诗歌，使诗歌打上了阿多尼斯本人风格的烙印。这些例子证明，我们并不需要害怕在自己优秀的诗歌传统中接受外来诗歌的影响。有了新、旧两种优秀的传统，我们就可以找到属于自己的诗歌语言。

学生二：您在讲座中介绍了三位有影响力的瑞典诗人：马丁松引领我们从微观角度认识世界；埃凯洛夫用碎片化的笔法描摹周围事物；托马斯·特朗斯特罗姆（Tomas Tranströmer，1931— ）用精确的语言记录下他所观察到的世界。这三位诗人鼓舞我们从细微的视角看待世界，这一点在您自己的诗歌中也得以体现。鉴于今天讲座的题目“我们这个时代的瑞典诗歌”，首先，我想请教您，这些诗人和诗歌是如何与时代呼应的？第二个问题是，他们能给我们带来怎样的启发？

埃：第一个问题很容易回答。以马丁松为例，他在1956年发表的星际史诗《阿尼阿拉号》(*Aniara*)呼应了“冷战”时期人类在各国间核竞赛的阴影笼罩下感受到的巨大威胁。这种始终受到威胁的经历奠定了这部反乌托邦作品的基础。宇宙飞船“阿尼阿拉号”计划带着数千移民从被放射物质污染的地球逃往外星，却迷失了航向，只能无助地向天琴座方向驶去。而在这次逃亡的过程中，船上乘客却逐渐死去。借助这首诗歌，马丁松批评了当时过度的、以环境为代价的科技发展方式，表达了对人类迷失方向、走向灭亡的悲观看法。在其他两位诗人的作品中你也能发现类似的情况。

至于第二个问题，在我看来是关于诗歌的功能的。诗歌创造了一个微观世界，使我们所处的宏观世界变得可视。举一个我最喜欢的例子，读过卡夫卡的《审判》这部小说的人再也无法以从前的眼光审视现实。但是与此同时，你会深切地体验到在一个虚构的世界里正义将以怎样的方式运作。这也是为什么卡夫卡的作品在苏联和东欧遭到彻底禁止的原因。如果人们也通过卡夫卡的眼睛观察，那么权力的合法性将不复存在。

学生三：我在课余时间会进行诗歌创作，所以想就此提一个问题。人们常常强调诗歌中“自我”的重要性，因为人们在认识外部世界时都有自己的视角和理解方式。但是有些时候，当你真正试图去了解自然、掌握世界的运作规律时，你又需要放弃自我身份。因此我想问，就您个人的创作经验来看，我们应该如何平衡这两种对待“自我”的态度？诗歌创作中何时“有我”？何时“忘我”？

埃：我自己也经常思考这个问题。我的答案是，当我写诗歌和小说的时候，“自我”是一种包容性(inclusive)的自我，它不仅指我本人，还包含其他所有人。这样，诗人才能为众人说话。诚然，诗歌是私人的，但它却要为许多人说话。诗人在诗歌创作时需要有这种包容的眼光。

学生四：我对诗歌中的视觉性问题很感兴趣。您在之前的讲座中提到诗歌中不同主体有"回望和凝视"的过程。我想问的是这种过程会不会使诗歌主题逐渐分散？视觉性与现代诗歌的破碎是否相关？您觉得诗歌"碎片化"(fragmentization)的原因在哪里？

埃：我不认为我的诗歌从一开始就具有视觉性。可以说我的诗歌与电影很相近，并且在很多时候使用了类似电影蒙太奇的手法。但是，碎片化是另一回事，讲的是人类的存在，所有的事物都那么脆弱。这会使你感到自己是一块碎片，但实际上还是很有生命力的。这是一种感官的破碎，与视觉性并不等同。

学生五：无论是高行健还是莫言，获得诺贝尔文学奖的华人作家似乎都不受政府的青睐。在我看来，诺贝尔奖似乎就是一件欧洲范围内的事。获奖作家若不是欧洲作家，还通常要有"跨欧洲文化"的背景。请问今年莫言获奖是否存在非文学(政治)因素？

埃：你们总是喜欢谈政治意图。让我这样回答你的问题吧，1970 年我们给索尔仁尼琴(Aleksandr Isayevich Solzhenitsyn，1918—2008)颁奖的时候，人们说："啊，他们(评委会)是反共的!"然而，第二年我们给聂鲁达(Pablo Neruda，1904—1973)颁奖的时候，又有人说："啊，他们是共产主义者!"①事实上，我们从不讨论政治，并且在我们看来，在评奖过程中避免谈论政治非常重要。② 任何国际性奖项都会对政治有影响，但是它们绝没有任何政治企图。无论你们在其中发现什么政治倾向，这都不在评选讨论的范围内。我们对政治不感兴趣，我们只看重艺术。我认为莫言是个很伟大的作家。

何：感谢埃斯普马克教授精彩的演讲和回答。再次感谢你来南京大学讲学。

---

① 据《诺贝尔文学奖内幕》，索尔仁尼琴是苏联的持不同政见的作家，聂鲁达则著有对斯大林个人崇拜的政治诗歌。

② 《诺贝尔文学奖内幕》第七章围绕"政治独立性"这一评奖原则，阐明了瑞典文学院对待"文学与政治"关系的态度，强调了文学院独立于国家和政府的自治立场，以置身于政治矛盾之外为抱负。

“中外戏剧与演出风格的新趋势”教授沙龙[①]

戏剧历史悠久，演出形式多样。在全球化语境下，当今戏剧演出风格日益呈现出新的变化，引起学界关注。南京大学戏剧研究底蕴深厚，2013 年 9 月，加州大学戴维斯分校戏剧专家陈小眉教授、挪威易卜生研究专家 Frode Helland 教授来南京大学人文社会科学高级研究院访问讲学，何成洲教授特意组织“中外戏剧与演出风格的新趋势”教授沙龙，邀请中外戏剧研究学者从自己的领域研究出发探讨主题、进行对话。

参加者：

陈小眉： 美国加州大学戴维斯分校教授，中国戏剧研究专家

Frode Helland： 挪威奥斯陆大学易卜生研究中心主任，易卜生戏剧研究专家

王廷信： 东南大学艺术学院院长、教授，中国戏曲研究专家

楚小庆： 江苏省文化艺术研究院院长助理，《艺术百家》期刊主编

从　丛： 南京大学高研院副院长，英语系教授，主要从事莎士比亚戏剧研究

朱雪峰： 南京大学外国语学院教师，博士，主要从事尤金·奥尼尔戏剧改编研究

---

① 南京大学外国语学院博士生王雪颖整理。

何成洲：南京大学中美中心主任，英语系教授、博士生导师，戏剧研究专家

何成洲：今晚，我们讨论的话题是“中外戏剧与演出风格的新趋势”。各位教授都是相关研究领域的专家，先请每位老师做主题报告，介绍戏剧演出风格的新趋势。报告后，大家可以一起参与讨论，在场观众也可以提问。首先请陈小眉教授做报告。

陈小眉：感谢大家来参加此次沙龙。我的报告题目是“小平影视百年：‘死不悔改’的改革派还是‘人民的大救星’”，这是我即将出版的英文书稿《中国舞台上的红色经典和革命传奇》中的一章。西方学术界研究中国戏剧的学者不多，大多数学者比较关注西方思潮影响下的中国现代主义戏剧、先锋戏剧、小剧场运动。他们认为，主旋律戏剧、革命领袖题材的戏剧是官方政治宣传的工具，没有研究价值。然而，我认为，我们可以运用新理论，结合新的党史研究，分析主旋律戏剧或电影。在我看来，做学术研究时，我们可以关注其他人不愿研究或者看起来仿佛没有研究价值的话题，其中的关键是要找到独特的视角和资料。以下是我研究这个课题时所运用到的一些资料。

《春天的故事》是新时期经典红歌。直至“文革”结束，中国的“春天”依旧没有来到，然而邓小平提出的改革开放政策为中国人民带来了“春天”。像《东方红》一样，《春天的故事》也起到了宣传官方意识形态的作用，称颂伟大的革命领袖。歌词如下：“1979 年，那是一个春天，有一位老人在中国的南海边画了一个圈，神话般地崛起座座城，奇迹般地聚起座座金山。春雷啊，唤醒了长城内外，春晖啊，暖透了大江两岸。啊，中国！啊，中国！你迈开了气壮山河的新步伐，走向万象更新的春天……”这首歌几乎是所有关于邓小平的主旋律戏剧或影视作品的背景音乐。

青年领袖题材电影《我的法兰西岁月》以留法勤工俭学运动为背景，主要讲述邓小平等革命领袖青年时期的事迹。在邓小平准备加入中国共产党时，李富春问他，在以后的人生道路中，是否无论发生什么都会对党忠诚。邓小平回答说，他对党忠心，永不背弃。这样的镜头为观众呈现出伟大的革命领

袖形象。

Frode Helland：我研究的课题是“不同文化背景下的易卜生”（Ibsen in cultures），目前正在撰写《易卜生戏剧的舞台实践》（*Ibsen in Practice*）这本书。书中有一章专门介绍《玩偶之家》在智利的演出。我所研究的问题包括：我们如何看待易卜生在戏剧史中的地位？不同文化背景中的戏剧工作者如何改编易卜生的作品？

我最初研究文学文本，关注易卜生戏剧文本，试图考察剧本中所体现的普世价值观。然而，如果从戏剧实践的角度考察易卜生戏剧，我们会有不同的发现：当易卜生的戏剧文本搬上舞台时，文本中几乎所有的元素都不稳定，随着演出时间、地点、语境发生变化，且与当下时空发生关系，重新焕发出活力。例如，1940 年，当德国入侵挪威时，《玩偶之家》在挪威上演。如果我们读当时的一些评论，就会发现，挪威舞台上的娜拉已经成为一个寓言式的人物，努力从政治束缚中解放自己。

下面，我将向大家介绍《玩偶之家》在智利的四次改编演出。首先，我想澄清研究方法。我并没有在剧场观看相关演出，因此，我不是做表演分析，而是做表演考古。我想以此深入研究这些演出，试图有所发现。

第一个演出是 1980 年改编的《玩偶之家》，演出地点是圣地亚哥的智利天主教大学（Universidad Catolica de Chile）。1973 年，法西斯主义独裁者皮诺切特推翻了当时的智利总统、社会主义者萨尔瓦多·阿连德。皮诺切特想清除社会中一切与马克思主义相关的事物，残害民众，其长达十七年的独裁统治给人民带来了极大的恐慌。1980 年上演的《玩偶之家》贴近戏剧文本，演出风格极为传统。我采访了一些评论者，他们说，当时经典作品在智利舞台上的改编演出非常流行。改编经典作品有双重意义，不仅演绎戏剧文本，还与当下社会语境发生关系。一位演员在接受采访时说：“娜拉是智利人。”娜拉代表智利人民，努力寻求自我解放。

2006 年，卡斯提洛（Castillo）导演改编《玩偶之家》，舞台上的两个长凳将舞台隔成三角形。整场演出中，娜拉仿佛透过橱窗被呈现出来。这场演出与

1980年的演出有相似之处，二者都对资产阶级进行批判，都没有体现出女性主义色彩。海尔茂性情冷漠僵化，神情残酷，但整个表演过程没有明显的暴力元素。在新时期的智利，虽然皮诺切特倒台、民主政策确立，然而暴政依然存在。另外，此次改编突出呈现日渐富裕的消费者阶级。舞台上的娜拉很性感，占据了很大的表演空间，但她像一个妓女，徒有其表，被海尔茂控制，这反映出智利中产阶级女性在家庭中地位的低下。这次改编呈现出部分中产阶级女性的生活状态，对像娜拉这样的女性提出批判。同时，这次改编偏离原文本：在《玩偶之家》文本中，娜拉并未自杀；但在这次改编中，娜拉割腕，双腕流血，海尔茂冲她吼叫。

2011年，卡斯提洛（Castillo）导演再次改编《玩偶之家》。在这次改编中，海尔茂身材矮小、相貌普通、性情暴烈。与2006年的改编相比，这场演出凸显了暴力主题。演出中有一场景：海尔茂捏住娜拉的鼻子，十分用力，娜拉遭到身体上的威吓，观众可以看出她的惶恐，但她并没有歇斯底里地喊叫，而是努力保持镇定。这次表演更具象征意义，比2006年的演出更胜一筹。在2011年的演出中，娜拉表演刺伤自己，但舞台不是写实性的，而是象征性的，舞台上并未出现血滴。我认为，自残的动作象征娜拉与旧生活决裂的决心。

与以上三个改编版本不同，2012年改编的《玩偶之家》突出性别问题。表演开始时，舞台上一片漆黑，只有舞台下方射出微弱的灯光。五位女性人物（包括娜拉）都是由男性演员易装扮演。这种极具先锋色彩的演出批判了皮诺切特时期的独裁统治和性别政治，因为皮诺切特几乎赤裸裸地鼓吹家庭父权制。在一个场景中，五位女性人物在客厅里等待上菜，突然其中的四位开始骚扰并辱骂娜拉，她们的语言中带有明显的性别歧视。她们说，娜拉性欲很强，总想和男人上床。我采访了导演和一些演员，他们都认为，这是一次写实主义的演出，舞台上所呈现的就是圣地亚哥的日常生活，女性总是被男性话语所控制。另一位受访者说，舞台上那些侮辱性话语在日常公共场合中不会出现，但会发生在私人之间。这场表演在许多方面将性别角色换位，也许可以称作易卜生戏剧的酷儿表演。在演出的后半程，所有演员端坐在餐桌边，仿佛在享用圣诞晚宴。娜拉手里拿着麦克风，不停地跟桌子周围的人说话。听者并不出声，只是用身体语言回应娜拉。终场时，娜拉收拾东西准备离开，海尔茂换回男装。虽然我们可以从多个角度阐释这场演出，但是娜拉和男性建构的关系毫无疑问是最明显的切入点。这次改编表达出一个观点，性别不是生来就有的，而是被建构出来的，但是娜拉的男性构建并不能帮助她解决自己的性别困境。另外，这个演出同样批判了皮诺切特的独裁统治。可见，《玩偶之家》在智利的改编演出体现出本土社会语境对于改编经典作品的重要性。另外，易装和酷儿表演是当今全球戏剧的潮流，2012 年的改编版本亦与全球化密切相关。

王廷信：感谢何老师邀请我参加这次沙龙。我谈谈自己对戏剧研究的感想。我主要做中国古代戏曲史研究，虽然我研究戏剧，但几乎不关心当代戏剧演出，尤其是近十年来的演出。对于话剧和戏曲这两种舞台演出形式，我有这样的看法：话剧舞台上的每一句话、每一个动作都引发观众思考，并且使观众享受语言和动作表演的魅力；而戏曲故事情节通常较为简单，更注重带给观众审美享受。因此，话剧主要是靠情节吸引观众，而戏曲主要靠语言和表演。

这十年来，中国好戏不多，这是一个很有意思的现象。20 世纪 80 年代，中国社会发生转型，是一个需要启蒙的时代。从 80 年代中期开始，中国文坛、剧坛和影坛上出现了许多优秀的作品，启蒙人们的思想，使人们思考中国文化和西方文化有何不同等问题，在广阔的视野中让我们对国家和个人有更深刻的认识，唤醒人们对理性、爱情、真、善、美的追求。但是三四十年后的今天，人们的欲望被唤醒了，人性的潘多拉盒子打开后却难以再关上，物质成为人们最大的追求。

社会的喧嚣消解了戏剧的魅力。今天的社会事件往往比舞台上的事件更吸引人。人们对社会表演事件有着浓烈的兴趣，对舞台上的表演却不再关注。对于同一社会事件，人们有不同的观点、不同的求证方式，而求证的过程本身往往非常具有戏剧性。一代有一代之文学，一代有一代之艺术。改革开放以来，段子成为最吸引人的艺术。段子，这种俗文学形式，结合中国人的语言天赋和感悟社会的独特方式，可以用短短几句话说清事情原委。另外东北的二人转很容易调动观众的兴趣，仿佛代表了演出风格的新趋势。简言之，在我们这个时代，人们对戏剧缺乏热情。

何成洲：尽管观众缺乏看戏的热情，但作为戏剧研究者，我们还需要讨论戏剧。

楚小庆：很荣幸参加这次沙龙。我在江苏省文化厅工作，想结合我的工作谈谈对戏剧的看法。江苏省文化厅设有剧目工作室，也有戏剧创作中心，工作内容主要是征集剧本并对其进行筛选、评比。我的经验是，很少看到好的剧本，很多剧本追求速成，缺乏思想深度。剧本往往追求当年社会热点，题材更新率大。其实，主旋律题材的剧本同样可以吸引观众，例如《人间正道是沧桑》体现了人们对真、善、美的追求。当人们比较《枫树林》和《蒋公的面子》时，就会发现前者的不足之处。《枫树林》的题材很好，但是思想深度不够，缺少对江南社会生活、改革模式的考察。戏剧要吸引观众，必须要有一定的思想深度。另外，除了情节吸引人，戏剧的导向不能出问题。戏剧不仅要反映普世价值，也需要重视本土的民族特色。

从丛：今天沙龙的主题是"中外戏剧与演出风格的新趋势"。跨文化戏剧是当前中外戏剧的一个新趋势，何老师已是这个研究领域的领先者。李希特曾提出"表演文化交叉"这个概念，她批判跨文化戏剧研究领域中对自我与他者的区分，认为这种区分隐藏着文化二元论倾向。人们通常认为，跨文化戏剧是指用非西方的戏剧形式来改编西方戏剧。李希特认为，这种观点非常狭隘，在跨文化戏剧舞台实践中，不同的戏剧传统应有更深层次的交流，这种交流可以促进形成新的戏剧形式。

何老师对李希特教授的访谈中提到了德国卡琳·拜尔（Karin Baier）导演的《仲夏夜之梦》，演员来自九个国家。新加坡王景生（Ong Keng Sen）导演的《李尔王》采用六种语言，演员有日本的能剧演员、中国的京剧演员。另外，在李希特提出“表演文化交叉”这个概念之前，英籍华人导演谢家声在2006年导演了《李尔王》，这是一场双语演出，英国演员说英语，中国演员说汉语，演员人数对半，英方负责导演、编剧、灯光，中方负责音响、服装、布景。演出背景从英国搬到了2020年的上海，李尔王通过视频会议操控着他的国际商业帝国。这部剧在上海演了十三场，在伦敦也有上演，观众反映良好。我想和大家讨论，这种戏剧演出形式能否更有效地推动文化传播和交叉？是否会形成演出风格的新趋势？是否值得推广？我认为，这种形式可以打破传统的文化界限，来自不同文化背景的演员可以共同演绎人类共同的生存境况。

另外，关于戏剧观众培养的问题，我于2000年在《文艺研究》上发表了文章《中国戏剧观众的培养——等待在正在消失的地方》。这篇文章主要认为，我们国家缺少戏剧观众市场，因为我们缺乏人文主义关怀，缺乏对人类生存困境的思考，缺少对灾难悲剧式的深层次反思。

何成洲：跨文化戏剧不仅可以指东西方戏剧的跨文化演出，也可以在东亚文化圈内出现。我通过研究日本演员坂东玉三郎和苏州昆剧院合作的《牡丹亭》，考察东亚文化圈内部的跨文化戏剧，试图对现有的跨文化戏剧理论框架提出挑战，并提出自己新的看法。这也是我在德国戏剧研究中心所做的课题。

中国经典昆曲剧本《牡丹亭》有不同的改编版本。陈士争改编的《牡丹亭》演出时间长达二十小时，曾在纽约演出。白先勇导演的青春版《牡丹亭》曾赴美国演出。坂东玉三郎和苏州昆剧院合作的《牡丹亭》的剧本是在青春版《牡丹亭》基础上简化而成，曾在北京、上海、香港、苏州、东京等各地演出，其中在日本演出最为成功。今年，又在法国最好的剧院演出。坂东玉三郎接受《日本时报》采访时，提出男旦表演这种传统在昆曲艺术中渐渐消失，他想继承中国戏曲中的男扮女装的传统，同时他也强调演出中的歌舞伎元素。然而，中国媒体却强调坂东玉三郎如何在苏州昆剧院学习唱昆曲。在香港演出时，观众提出坂东玉三郎的昆音不纯，这是他唱昆曲的明显的缺陷。于是，出现了以下这些问题：《牡丹亭》这个演出究竟是中国的还是日本的？应当怎样宣传这个演出？为什么这样一个在很多中国观众看来有缺陷的演出在世界各地引起这么大的反响？在我看来，这个演出是经媒体中介化了的演出，因媒体宣传，观众在观看演出之前就已默认演出一定精彩。这是研究的一个视角。

另外，我们还可以通过这个演出讨论“中国性”这个概念。坂东玉三郎在扮演杜丽娘时，虽穿中国的昆曲服饰，但他的面部化妆与歌舞伎化妆更为相似。这里体现出中国戏曲演员化妆艺术与歌舞伎化妆艺术的文化交叉。我曾采访过与坂东配戏的“丫鬟”沈国芳，她说：“我的小花旦动作比较多，以突出我的活泼。然而和他配戏时，他动作很少，几乎不动，只注重眼神，这样我就很难与他配合，进入不了他的意境。他较少分析程式，但对人物内在的东西分析得很深。”坂东基本上遵从歌舞伎表演形式，在一定程度上改变了《牡丹亭》的昆曲形式。日本观众喜欢他演绎的杜丽娘，因为符合歌舞伎艺术呈现女性庄重美的标准。冯云在他的文章《从传统走向现代的交流：中日版昆曲〈牡丹亭〉》中指出，中日版《牡丹亭》演出之所以成功，是因为坂东抓住了写意和气韵。因为歌舞伎表演与中国传统美学接近，同样注重气韵。因而在昆曲艺术与歌舞伎艺术中间，存在一种临界的艺术，独具魅力。这种演出推动了泛亚洲主义。中日版《牡丹亭》在法国演出后，法国媒体并不关注该演出是中国的还是日本的，他们认为这是泛亚洲性的文化艺术。

我认为，这种跨越文化疆界的临界性艺术为戏剧演出增色。我们可以在中西文化之间、亚洲文化内部等多个维度上构建“中国性”。中日版《牡丹亭》的研究，不仅可以促进建构“中国性”理论价值，还可以提供一个与现有的跨文化戏剧理论进行对话的平台。对于《牡丹亭》的改编演出，目前还有一些问题有待研究。例如，《牡丹亭》文本是如何被改编的？日本的跨性别演出和中国易装演出有何差异？泛亚洲主义在欧洲的接受情况如何？如何对不同的《牡丹亭》改编版本进行比较？

何成洲：以上是今天的主题报告。接下来，大家可以针对所听报告提问。

听众：我同意 Frode Helland 教授的观点，演出文本不是固定的，会根据特定的历史时间变化。您列举了《玩偶之家》在智利的改编演出，易卜生的作品在其他国家的改编有没有类似的情况？

Frode Helland：戏剧表演研究中，全球性的演出也总是本地化的。挪威，作为一个经济发达国家，斥巨资支持文化事业发展，并在新德里举办易卜生戏剧节，由挪威政府出资支持当地剧院。但是，这些演出并不是根据印度的情况有感而发，很多演出艺术性不足，反而在某种程度上削弱了易卜生戏剧的力量。而关于戏剧改编，本土元素相当重要。在中国，易卜生戏剧演出已有百年历史。在不同的时代背景下，演出的意义不同。五四时期、20 世纪 50 年代的易卜生戏剧演出，与 20 世纪 90 年代以及今天的演出相比，文化意义、政治意义都不同。

听众：陈老师，我们承认，东欧和西方的影响已经内化于中国的主旋律电影。在中国，西方现代主义还是一种外来物。您怎样看社会写实主义戏剧、电影与现代主义的关联？

陈小眉：在研究主旋律电影时，我重在突出主旋律电影是社会主义写实主义电影。在谈到现代主义时，我们应当指出具体是哪种语境下的现代主义。东欧社会主义传统并不是现代主义的代表。在主旋律电影中，存在多重现代主义话语，有政治意义层面的，也有舞台形式层面的。

听众：我同意何老师提出的“泛亚洲主义”这一概念。听您的报告时，我感觉中日版的《牡丹亭》凸显歌舞伎艺术对昆曲的改写，《牡丹亭》演出的主体是坂东玉三郎。在文化产业方面，日本和韩国很善于利用中国的文化资源。在亚洲文化圈内部，不同国家所处的文化地位不同，泛亚洲主义文化合作如何突破这样的困境？在戏剧改编中怎样才能够保证不同文化既彼此交流又能保持自身的独特性？

何成洲：在跨文化理论建构中，后殖民理论占据重要位置。后殖民理论是当代很多理论的出发点，权力和抵抗是后殖民理论的主要话题。研究中日版《牡丹亭》时，我试图跳出后殖民话语体系，希望进入东方的话语体系。我没有从权力、影响、冲突、反抗等角度讨论这个演出，而是从和谐、合作等角度来研究，讨论歌舞伎和昆曲的深层次合作的可能性等类似话题，强调东亚歌舞伎艺术和昆曲艺术的交融带给观众一种审美的愉悦，并且在此期间观众感觉不到激烈的权力运作。

结语

何成洲：感谢大家参加这次沙龙。今天我们所讨论的话题主要是戏剧与政治。戏剧永远是政治的。戏剧关注当下现实，但也常常受到政治的影响。同时，戏剧也是一种争取解放、自由的艺术形式。舞台上的表演可以使人们摆脱日常生活规范的限制。另外，政治不仅仅指政治斗争，Frode 所谈的性别政治也是一种政治。在文化研究领域中，性别、种族、阶级构成文化的网络，当一种颠覆成为可能时，其他颠覆也往往成为可能。另外，各位老师也都谈到了戏剧的全球化和本土化问题。陈小眉老师介绍了全球化戏剧形式与中国红色经典文本的结合。Frode 讨论了易卜生的《玩偶之家》在智利改编的全球化趋势和本土化特色。我向大家介绍的中日版的《牡丹亭》尽管是亚洲语境下的中日合作演出，但同样也是全球国际性演出。戏剧研究无法脱离全球化语境，无论是在主题上、形式上还是观众的欣赏层面上。观众的跨文化背景必然对舞台演出产生深远影响。从丛老师所谈的双语演出也突出表现了演出的全球化特征。王老师从本土戏剧形式介绍当前中国戏剧发展状况，楚老师提出培养戏剧观众兴趣、推动戏剧艺术的必要性。我认为，在中国语境下，戏剧需要国家扶持，但也需要市场运作。意识形态、戏剧表演和市场运作三者之间存在一种共谋关系，将带来中国戏剧表演的新趋势。张艺谋在 1998 年改编的《图兰朵》得到中国文化部的大力支持，世界名剧《图兰朵》在中国被改编，然后代表中国国家形象在法国、德国、韩国等地演出。于此，意识形态、戏剧表演和市场间形成一种合力，促进推广国家形象，这样一种共谋关系将改变中国表演艺术的形态。

现代性与艺术

——周宪对话勒克莱齐奥[1]

勒克莱齐奥，法国文学家，1940 年生于法国尼斯。1963 年，其小说《诉讼笔录》获法国雷诺多文学奖。此后不断发表长篇小说、短篇小说、散文、诗歌、评论、翻译等作品共四十余部，先后多次获得法国及国际文学大奖，2008 年获诺贝尔文学奖，被评价为“一个集背叛、诗意冒险和感性迷狂于一身的作家”“探索文明支配下的边缘人性”。代表作还有《战争》《寻金者》《革命》等，在中国翻译出版的作品有《诉讼笔录》《战争》《巨人》《沙漠》《飙车》《奥尼恰》《寻金者》《燃烧的心》《饥饿间奏曲》《乌拉尼亚》《脚的故事》等。

2013 年秋季学期，勒克莱奇奥受聘于南京大学，为南京大学学生开设了一门名为“艺术与文化的多元阐释”的通识课程，深受南大学子的欢迎。授课之余，勒克莱奇奥作为南京大学人文社会科学高级研究院学者，与该院院长周宪教授就文学与艺术创作、文化交流等问题进行了交流对话。

① 南京大学外国语学院博士生张璐整理和翻译。

一、数次来华亲历中国变化

周宪（以下简称周）：首先再次欢迎勒克莱齐奥先生来到南京大学授课。南大学子听了您的课后受益匪浅，网上的评论非常热烈。我也记得我第一次去主持课程时，走廊、过道、讲台旁都挤满了学生。您去过一些地方，如武汉、广州等，也做了一些演讲，对中国和中国的大学有了更深入的了解。

勒克莱齐奥（以下简称勒）：我也非常感谢你们邀请我来到南京大学，这里的课程很有趣，学生也非常出色，在课上我准备了很多问题，也回答了学生的许多提问。

周：这是您第几次来中国？请谈一谈您对当代中国的印象。

勒：这次已经是第七次了。我第一次来中国是1967年，我去了广东，但是只待了一个晚上。之后来过中国几次，最长的一次待了一个月，游历了几个重要城市。去广东是四十六年前，之后的几次旅行也是三十多年前，所以我确确实实看到了中国的变化。首先中国从农业转向工业化和现代化，整个面貌上发生了改变。其次是精神上的变化。中国已经是世界舞台上最重要的国家之一。还有中国的大学教育现状也发生了改变，不仅仅是南京大学，还有武汉、广东、上海的大学学生素养都非常高，知识储备量很大。在人文科学方面，尤其是外语方面，学生不仅聪明，而且具有很高的学识。

另外我还要感谢您和从丛教授、许钧教授，我在南京感受到的是一种家庭的味道，非常惬意。我觉得南京大学的氛围非常好，各个院系之间非常和谐，交流很多。但是我在法国和美国的大学里都感受到各系之间的竞争，让我很有压力。我觉得中国不过分强调个人野心的这种精神，是维系大学和谐氛围的核心。

二、中国的绘画与诗歌相融

周：我注意到您的办公室里有一本关于博物馆的书，在中国的传统中有句话叫作“诗画一律”。您对造型艺术也非常感兴趣，法国历史上也有很多重要作家对造型艺术发表过自己的看法。我最近在研究印象派画家马奈，看了波德莱尔、左拉、马拉美对马奈作品的评价，因此我想问，在您的文学生涯中，造型艺术的修养是否影响了您的文学创作？

勒：这是自然的。我对艺术特别感兴趣。但是当代的艺术已经不再像马拉美时代那样受人推崇了，我觉得非常遗憾。但我个人非常重视艺术，包括抽象艺术和一些很前卫的艺术，比如在瑞士当代造型艺术家丹尼尔·斯波利（Daniel Spoerri）的创作中，我们看到的不光是艺术，还有哲学构思。这也是我对中国绘画感兴趣的地方，中国绘画展现的不仅是画，还有其中的哲学思想。我在南京参观了画家杨小明的画室，从他的画作中看到了他的哲学思想。

周：可以再详述一下绘画对您文学写作的影响吗？

勒：其实我在南京的经历给我上了很好的一课。在接触中国古典艺术和中国当代艺术时，我明白了写作与艺术之间是有一种联系的。二者间的相互影响可能是无意识的，在写作的某些时期，读者可能会发现作品的某些描写和改变是与艺术作品相关的，我本人或许没有意识到。南京大学的通识课给了我一个契机，启发我开始写一本关于艺术的书，并在其中思考艺术在何种程度上可以影响写作、影响我的作品。正是这门课让我发现了这一点。

周：在法国巴黎，法兰西诗歌协会的会长曾告诉我协会里很多会员既是诗人又是画家，协会展厅里展出的都是会员的画作。在中国，诗人兼画家也有很多，比如唐代大诗人王维。诗人作画在法国也是一个传统吗？

勒：法国的确有不少作画的诗人，也有作诗的画家，但我不敢肯定这是否是法国的传统。不过，尤其是在当今的时代，越是诗人就越具有艺术敏感性，越对艺术感兴趣。我比较了解的是诗人亨利·米修，他非常喜欢中国书法，也会作画，与中国有着深厚的联系。他曾说过一句话："我作画时，就关上了文字的大门。"意思是一旦开始作画，主体就与文字隔离开，进入纯粹图像的世界。雨果也是喜欢作画的。因此我觉得西方与中国的不同在于，中国的绘画与诗歌是相融的。之前参观杨小明画室时，杨小明介绍说中国画中一定要在画的一角配有短诗或其他文字。

三、现代化进程不可避免在发展中寻求平衡

周：自启蒙运动以来，在整个现代化的进程中，我们看到两股力量：一股叫作社会的现代化，追求科学、技术、社会、革命和国家等，对社会进行有效的管理；另一股力量是相当一部分哲学家、作家、诗人抵抗现代化，卢梭就是最早的代表性作家。这两股力量一直在较劲。我认为现代哲学家、文学家和诗人都有一种职责，即提出与我们现代化常识截然不同的观点，比如卢梭提出了尊重天性、回归质朴教育的观点等。您的作品中也充满了对现代社会的折射、反思与批判。作为作家，您是怎么看待这个问题的？您的作品与现代社会这种进步的趋势有何关系？

勒：我本人并非浪漫主义派的。我认为现代化的进程是不可避免的。我非常青睐新的发明，无论是医药、通讯还是信息技术方面的，比如我小的时候，很少有人家里有电话，在那样的社会中，人对世界的了解过于贫乏，所以技术发展是令人钦佩的。但是，每个人在本性里都具有自然的一面和浪漫的一面。

现在中国的工业化发展非常迅速，受世界瞩目。不久前中国刚刚发射了嫦娥三号，已经开始进行探月工作，但在许多年前，我看到的还是中国农民在用双手干农活。前后差距是非常大的。我相信中国尊重人和尊重自然的古老传统。尽管今天面临着雾霾治理的问题，但这是世界各国都无法避免的一个过程。我不是生态主义者，所以我认为只有在发展之后，才有能力去治理污染。其实现在巴西等很多国家也都存在相同的问题。但我相信中国，因

为中国人是最具有活力和力量的人民，发展又如此迅速，中国的古老传统就是要在发展中寻求平衡，我们也应该相信中国人能在发展中找到这种平衡。生态和污染问题其实是世界范围的问题。中国有能力影响其他国家，解决生态问题。另外与其他国家相比，中国从未侵略过其他国家，也不是霸权国家，甚至可以帮助第三世界国家。

周：今天，人文学科和文学的学者面临着两个压力。一个是技术压力，例如作家写作的习惯发生了变化，开始用电脑写作。您比较容易接受新事物，但有一批作家是抗拒新事物的，仍然用传统的方式写作。另一方面，我们在一个高度消费化的社会中，文学也在技术和消费的双重压力下，不断改变着自己的面貌和特性，比如对文学的神圣性的敬仰已荡然无存，文学成了一种文字游戏、一种商品。一些青年作家就直接表明写作就是为了挣钱。您如何应对来自技术和商业的压力呢？

勒：的确，我也意识到了作家的角色发生了变化，社会也发生了变化。其他学校的一些学生曾向我寻求过帮助，他们以后想当作家，但是父母对他们说，当作家会很穷，挣不到钱。我告诉他们当作家可能会很贫穷，生活可能会非常艰苦，不仅有经济上的困难，还有精神上的困难，在人际关系中也会遇到各种困难。但如果写作是你的真爱，就放手一搏，因为人只有一辈子。我很遗憾的是在中国有如此漂亮的纸张却没有人写。在这么好的纸张上写东西是非常愉快的事情。我和南京大学的许钧教授在合作写一本对话集，我们两人都用手写，许教授用中文写作，我用法语。尽管在科技如此发达的今天，我们还是能看到有人在实践过去的艺术，这多多少少能给我们些信心。

四、经济不平等是跨文化交流的主要障碍

周：您的阅历非常丰富，在英国攻读本科，也在许多地方生活过。今天，文化的交往日益频繁，亨廷顿曾断言文明的分界线就是战争的边界线，认为基督教和儒教、伊斯兰教之间的冲突是不可避免的。以您在各种文化下生活

的经历，您认为跨文化的理解和共识是否是可能的？我们有没有可能克服我们原先的文化偏见，去接纳和理解另一种文化？文化交往到底会以和平还是冲突的方式作为结局？

勒：我个人非常抵触亨廷顿的所有言论，我认为他在作品中写的所有观点都是错误的。特别是他预言说伊斯兰和中国会组成联军向西方发动战争，这完全是他的个人幻想。跨文化交流的困难是肯定存在的，但困难是经济上的，而不是文化上的。正是经济的差异造就了所有的不平等。如果所有国家、所有民族的经济水平相当，且人民都能接受很好的教育，拥有同等的生活水平，那就不会存在这种不平等。

中国就是一个很好的例证。中国在当今世界扮演的角色非常重要，因为中国在三十年里让许多人脱离了饥荒和贫困，从不平等中走出来，变身成为一个公正平等的社会。我并不是说中国已经达到了一种完美的状态，而是可以作为一个很好的例证。中国首先获得了经济和政治独立。至于目前所面临的空气污染问题，治理并不是一两天可以完成的，必须在能源上也独立起来。我在中国非常惊喜地看到了法国没有的景象，每个居民楼的房顶上都有太阳能热水器，用清洁能源代替污染空气的能源。虽然一两天无法治理污染问题，但是十年、二十年后，还是很有希望的。我一直想去三峡大坝，有人告诉我，大坝很好地运转起来之后，应该会解决很多能源和污染问题。

此外，在文化交往的过程中，文学扮演着重要角色。我非常钦佩中国翻译了大量外国文学作品，不同语种的作品，甚至是一些小语种的作品。许钧教授告诉我，甚至有乌兹别克语、亚美尼亚语、阿尔巴尼亚语的作品翻译到中国。中国在介绍外国文化方面做了很大努力。我希望我们的未来是文化的相遇融合而不是战争。

五、用现代化方式再现传统文化影响

周：我们通常会把作家归为各种气质的作家，比如有哲学气质的作家，有诗人气质的作家，有些是更加写实的，当然还有浪漫派的、寓言派的等等。网上对勒克莱齐奥先生的评价也很多。我想知道勒克莱齐奥先生将自己定位为什么类型的作家。

勒： 我希望自己属于不可归类的作家。

周： 批评家哈罗德·布鲁姆提出“影响的焦虑”，说后代诗人总是受到前辈大师的影响。诗人艾略特也说过，每个欧洲作家都会面对两个同时性的存在，一个是自荷马以来的整个欧洲文学传统，另一个是本国文学的民族传统，这两个文学传统会同时影响欧洲作家的写作，即作家写作反映了历史的存在。布鲁姆认为，每个作家之前都有很多伟大的作家，他需要超越前辈作家。翻过前面的“文学大山”非常难，这使后辈作家产生了各种焦虑，他们需要一些策略翻过文学大山，克服影响的焦虑。您是否有这种焦虑，采用什么策略克服这些焦虑呢？

勒： 对作家而言，区分对其文学创作的主要影响与次要影响是不容易的事。就我而言，我从小在法国文学中长大，同时家庭文化中受非常强的英国文化影响。就我接受的教育而言，英国作家、法国作家的书我都读，受莎士比亚作品的影响比较大。在我的文学创作中，我试图平衡、协调英国作家与法国作家的影响。除此之外，因为我的家族来自毛里求斯岛，那里的岛民说英语、法语、印度语、中文和其他地方方言，每个岛民每天可能会说三到四种语言。我的祖父会说克里奥尔方言，那是一种由法语和英语混合而成的地方语言。我父亲着迷于英国文化，母亲着迷于法国文学，父母对我都有影响，但我更关注的是协调两种文化的影响。实际上，影响我第一部出版的法文小说创作的是几位美国犹太作家。在我二十来岁的时候，我选择接受英语文学的影响，并力图用法语传递和表达这种影响。就像艾略特一样，我致力于用现代化方式再现自己所接受的文化传统影响。

文学与表演

——与伊娃·奥里利乌斯的访谈[①]

伊娃·奥里利乌斯(Eva Haettner Aurelius),瑞典皇家人文、历史与考古学院院士,伦德大学比较文学教授,研究兴趣包括20世纪前的女性文学(主要是以自传和信件形式呈现的文学)、瑞典作家毕尔格·肖贝格(Birger Sjöberg)以及文学的表演性。

2014年2月23日至3月1日,瑞典伦德大学(Lund University)的师生一行八人来到南京大学外国语学院参加两校的合作博士生研讨课程"文学与表演性理论"。伦德大学的学术牵头人是伊娃·奥里利乌斯教授,南京大学的负责人是外国语学院博士生导师何成洲教授。双方在南京大学一共开展了四次研讨活动,奥里利乌斯教授还应邀在人文社会高级研究院的"名家讲坛"上做演讲。研讨活动期间,何成洲教授就文学理论、北欧文学、表演性理论等学术话题对奥里利乌斯教授进行访谈。

何成洲(以下简称何):在中国和其他一些国家,比较文学研究曾盛极一时。但在今天的美国,比较文学研究不再那么受到关注,在中国也不像以前那样吸引学者的目光。你作为瑞典研究比较文学的专家,可以向我们介绍一

① 南京大学外国语学院博士生王雪颖整理和翻译。

下瑞典的比较文学研究现状吗？

伊娃·奥里利乌斯（以下简称奥）：五十年前，“比较文学研究”这个术语的涵义与今天相比有所不同。在瑞典，比较文学研究不是语言学研究的分支，而是美学研究的分支。在瑞典和芬兰，“比较文学研究”原叫作“文学和诗学历史研究”，注重美学研究，强调文学的艺术性。然而，“文学与诗学历史研究”这一术语很难翻译成英语或其他语言，而“比较文学研究”又是在大多数国家通用的术语，因此我们也使用了“比较文学研究”这一术语。这个术语涵盖了文学理论研究，且其研究范围比国别文学研究范围更广。这也是我们研究的宗旨：不仅研究斯堪的纳维亚国家文学，也研究欧洲其他国家的文学。瑞典文学或斯堪的纳维亚文学，从某种角度上来说，是欧洲文学的一部分。我们研究的是文学，不是瑞典语言。然而，在欧洲其他国家，文学研究是语言研究的一部分。例如，在德国，首先是德语语言学研究，然后才是德国文学研究。我个人认为，“比较文学研究”这个术语并不准确。在课程设置方面，我们对本科生、硕士生和博士生都开设这门课程，培养学生们对文学理论的兴趣，注重研究方法，从历史和审美的角度研究瑞典文学和斯堪的纳维亚文学，考察其与欧洲其他国家文学的关系。

何：你刚刚提到文学理论研究，在很多国家，一些学者对文学理论持怀疑态度，也有一些学者和学生不敢谈论文学理论。在伦德大学或瑞典其他大学，老师们通常教授哪些文学理论？文化研究在文学理论研究中扮演什么角色？

奥：首先，正如我刚刚所说，对文学理论的学习是我们课程的重要方面。我们以前称“比较文学”为“文学和诗学的历史”。而“诗学”从前又被称作“美学”。美学研究什么是文学、什么是诗歌等诸如此类的问题。我认为，文学理论就好像我们的眼镜，它可以为我们提供考察文本的视角。例如，当运用文化研究理论时，我们就可以考察文本与社会及社会价值体系的关系，还可以考察社会中的权力运作关系。当运用性别研究理论时，我们就会发现文本如何描写女性以及文本中所暗含的关于女性行为的价值观。当运用巴赫金的复调理论时，我们就可以发现文本中存在的不同声音、语言及风格，以及它们交织起来所产生的冲突。我的研究生涯是从研究戏仿开始的。以此为例，当文本中出现戏仿手法时，我们就会发现文本是在模仿另外一个文本，以达到批判或戏谑的效果。因此，我们就会发现两个文本、两种声音，以及它们之间所存在的冲突。这就是巴赫金所提出的复调理论的核心。当我运用复调理论来考察克里斯蒂娜女王的传记时，发现传记中希腊历史书写传统和航海文学传统交织，不同的价值体系彼此交融，因为不同的写作风格实际上代表了不同的价值体系。同样，当我们运用马克思主义理论解读文本时，我们可以发现文本是如何阐发阶级这一话题的。因此，理论的重要性在于它可以为我们提供考察文本的视角。然而，理论批评家需要注意的是，我们运用某种理论可以得出某个结论，但这并不意味着每一种理论对所有文本都适用。我们也可以运用纯理论（high theory）来考察文本，这是哲学层面的理论，它涉及关于理论的理论。它关乎我们头脑中的概念生成问题，探究这些概念的本质以及其与现实生活的关系，例如德里达的解构理论。运用理论时，我们需要注意，所有的概念都具有即时性，而所有的理论从本质上来说都是由一系列的概念组成的。理论为我们提供分析文本的视角，也帮助我们进一步分析或批判现存的理论框架。

何：目前存在两种文学理论授课方式：一种是在一门课上介绍不同的理论，这相当于理论史的介绍性课程；另一种是以研讨课的形式讨论某一种理论，例如授课老师可以就巴赫金的复调理论为博士生开设一门研讨课。在瑞典，你教授文学理论方面的课程时，采用哪种授课方式？博士生更喜欢哪种形式？

奥：第一种课程是必修课，博士生必须上这门课。课程时间不长，通常为五周时间，重点是让学生对主要理论有所了解，也帮助学生了解学科发展史，对我们所做的研究有整体性的把握，期间学生可以参考一些专著和文章。那些关于某一种理论（例如文化研究、复调理论、性别研究）的课程通常是选修课。这类课程也是介绍性课程，帮助学生对某一种理论有更深了解。

至于你所说的第二种授课方式，在瑞典，老师会用五周时间开设一门研讨课，教授某一种理论，研究在该理论方面有建树的主要理论家。我开设了“表演性理论”这门课，当然也有老师开设“复调理论”“解构理论”等研讨课程，这取决于老师的研究兴趣，并不要求学生必修这门课程。我们学校比较文学专业的博士生并不多，我平均一年招收一位学生。因此，我们也开设一些面向全国所有博士生的课程。例如，有一年，我们在斯德哥尔摩开设了“浪漫主义文学和理论”这门课程，全国的博士生都可以选修。在我所开设的“表演性理论”这门课上，也有伦德大学其他专业背景或其他学校的学生来上课。不同高校在课程设置方面进行合作，这样有利于提高教学资源的利用率。

何：在我们的合作课题中，我们一直在探讨表演性理论。你也开设了为期五周的“表演性理论”研讨课。你可以简单介绍一下怎样运用表演性理论解读文本吗？

奥：首先，在我们的合作课题中，我们提出了一个非常重要却又容易被忽视的问题，即文学的功用和影响是什么。当我们朗诵一首诗或阅读一本小说时，文本会发挥怎样的功用，这是我们需要解决的问题。例如，阅读一些传记时，我们会发现作家试图通过传记向读者传达某些信息，我们需要研究传记在公众社会中所传达的信息及其产生的效应。这与“表演”(performance)密切相关，这个概念用在这里十分妥当，文本实际上可以产生作用。对于其他形式的作品，我们同样可以问：文本在传达什么信息？产生了怎样的效应？文本与其所处的社会政治文化语境有怎样的关系？很显然，从方法论的角度来说，这些问题都很难回答。我认为，当我们运用表演性理论解读文本时，我们不仅要关注文本的语义含义，更要关注文本向外部空间所释放出的能量。

何：实际上，问题在于文本在特定历史语境中的作用是什么。在文学研究中，人们并没有深入挖掘这个问题。

奥：探讨这样的问题并不意味着否定作品形式及其语言的重要性。我并不轻忽文本的语义含义及其结构形式。我认为,我们需要同时关注文本的语言形式结构及文本与公众社会的关系。这样,我们就可以开拓出新的研究领域,注重文学的外在功用,既对文学语言形式敏感,又强调文学与社会的互动关系。

何: 你刚刚提到文本与社会公众的互动关系。目前,这一问题还没有成为文学研究的焦点,可以说是文学研究的未来新趋势。在中国,文学爱好者对北欧文学、斯堪的纳维亚文学非常好奇。斯堪的纳维亚国家有很多优秀的作家,例如瑞典作家斯特林堡、挪威作家易卜生和丹麦作家安徒生。这些北欧作家在世界范围内享有盛誉。作为研究北欧文学的教授,你怎样定义北欧文学?北欧文学有什么特别之处?北欧不同国家的文学之间有什么不同之处?

奥: 这个问题很难。北欧只有为数不多的几个国家,与欧洲其他国家相比,在北欧,文学与社会的联系更加紧密。北欧的社会等级并不像法国、德国、英国等国那样明显。北欧国家注重人与人之间的平等关系,社会流动性强。与其他国家相比,北欧国家的知识分子和普通大众的关系更加密切。当然,也存在少数例外。但总体来说,文学与社会生活的关系非常密切。我们有非常杰出的作家,他们的作品与社会现实有着紧密的联系。例如,20 世纪斯堪的纳维亚文学作品中出现了一种特殊的现实主义——工人阶级现实主义,但德国、英国、法国等国家的文学作品中并没有出现这一流派,这说明北欧国家知识分子与普通大众联系较为紧密。

何: 工人阶级现实主义,这是非常好的例证,可以说这是文学史上的一个特定术语。

奥: 这是斯堪的纳维亚文学的特点——与社会现实联系紧密。这些作家大都出身于社会底层,通过自我教育逐渐成为知识分子,例如,1974 年诺贝尔文学奖得主哈里·马丁逊和埃温特·约翰逊。当然,北欧也有一些学识渊博感情细腻的诗人,他们的作品与社会生活的联系没有那么紧密,但这不影响北欧文学与社会密切关联这一总体特征。另外,在斯堪的纳维亚国家，大众受教育程度高。人们虽然不常提起 16 世纪的宗教改革运动，但它在提高北欧人受教育程度方面发挥了重要作用。16 世纪，瑞典、挪威、丹麦和芬兰很多人信奉新教，几乎每位成年男女都能够阅读《圣经》。那时即便是穷人也具备阅读能力，尽管有些人可能并不具备书写能力——阅读和书写是两种不同的技能。人们在教堂里阅读《圣经》、诵唱圣诗，这有利于提高自身的受教育程度。再次，北欧作家对道德话题非常敏感。我们可以从北欧戏剧和小说中看出这一点，这些作品非常关注人物的道德素质，例如易卜生的戏剧。瑞典的第一部女性小说关注社会对女性的压迫，作品带有强烈的道德意识和政治意识。

何：对我们中国读者来说，北欧不同国家的文学大致相同。但事实上，不同国家的文学在文学主题等方面肯定有不同之处，并且不同国家的文学发展趋势和速度也并不一致。你可以大致介绍北欧不同国家的文学的不同之处吗？

奥：首先，丹麦与欧洲其他国家联系紧密，受其影响较大，主要表现在丹麦文学更明显地呈现出社会等级区分度。在丹麦的文学作品中，社会的流动性不像瑞典、挪威和芬兰那么明显，这和德国文学类似。但在故事情节方面，丹麦文学独具特色，与欧洲其他国家的文学还是有所不同，例如丹麦最重要的作家安徒生以及伟大的哲学家克尔凯郭尔的作品都体现出丹麦文学的特色。18 世纪，丹麦文化受欧洲启蒙运动影响较大，丹麦文学在政治和文化描写上都体现出激进主义倾向。其次，挪威文学作品注重描写社会问题，对道德问题非常敏感，并且突出对女性人物的塑造，强调女性解放。易卜生的写作风格，作为挪威文学传统，一直延续至今。这与丹麦文学形成鲜明对比。第三，瑞典文学与挪威文学相似，社会道德问题在斯特林堡的作品中也比较受关注。但瑞典文学与丹麦、挪威文学的最主要区别在于瑞典保持着抒情诗的悠久传统，有很多优秀的诗人。当我在丹麦讲学时，很多听众请我讲授瑞典的抒情诗。我的邻国同事也非常喜欢瑞典诗歌，芬兰也有很多优秀的诗人。另外，犯罪题材的小说在瑞典也很流行，这或许是因为瑞典是一个和平的国度,读者对犯罪题材的小说比较好奇。

何: 在瑞典,诗歌为什么会这么流行?

奥: 我也不明白,但这的确是我们的文学传统。这或许和我们瑞典语言的语音语调有关。瑞典语有自然的起伏,像歌声一样。一直以来,诗和歌唱都有密切关系。

何: 从前,诗歌就是唱出来的,抒情诗人也是吟游诗人。

奥: 在瑞典,人们的受教育程度高,穷人也有能力购买一种上面印有字的薄纸片,人们可以阅读上面的文字,还可以把它们唱出来,这也被称作民间纸片歌曲。教堂里的圣诗也是一些简单的歌曲。18 世纪,我们最早的伟大诗人之一是贝尔芒(Belmon),他的诗歌至今还被吟唱,这些诗歌通常是关于历史上的一些女性人物的,深受人们喜爱。

何: 2011 年,诺贝尔奖得主是托马斯·特兰斯特勒默,他也是伟大的诗人,他的诗在瑞典的接受情况如何?

奥: 他在瑞典很受欢迎。他是瑞典抒情诗人的典型代表。在瑞典文化中,抒情诗很受推崇。人们喜欢托马斯·特兰斯特勒默的诗,原因之一是他在诗中运用了很多精辟的隐喻。亚里士多德曾经说过,优美的隐喻就是诗,特兰斯特勒默诗中的移情化隐喻深受评论家好评。

何: 他诗中的隐喻是关于什么的呢?关于自然的吗?

奥: 是的。美国读者很推崇他的诗。我不太了解中国读者对他的态度,我想应该也是如此。

何: 是的。他的诗也被译成汉语。

奥: 诗中的隐喻使他笔下的世界生机盎然。可惜我现在手头没有他的诗集,不然,我可以引用文本来向你介绍。

何: 在中国,人们普遍认为,瑞典女性与其他地方的女性相比享有较高的社会地位,是这样吗?如果是的,为什么会出现这种情况呢?作为研究女性文学的专家,你可以介绍一下瑞典女性文学的现状吗?瑞典女性作家今天在写什么内容?读者怎样看待女性文学?

奥：与大多数国家相比，瑞典在男女平等方面的情况会好一些，瑞典女性确实享有较高的社会地位。我的女儿生活在美国，因此，我可以在这个方面做出一些评价。瑞典女性社会地位高有以下几个原因。首先，瑞典人口不多，在农业等方面，我们都需要女人的参与，尤其是在男人参战期间。第二，19 世纪初，瑞典较早开始了女性主义运动，女性作家开始强调女性的继承权。在当时的父权社会中，瑞典女性没有发言权，常常受父亲、丈夫或兄弟的辖制，几乎没有继承权。因此，女性作家通过创作竭力争取女性的继承权。她们认为，女人应当具有主体性，不应当受父亲、丈夫或兄弟的辖制。19 世纪，女性在争取继承权方面取得显著成果。随后，女性开始争取选举权和接受高等教育的权利。她们在这方面的努力从 19 世纪一直持续到 20 世纪。1921 年，瑞典女性获得选举权，是女性较早获得选举权的国家之一。在第一次世界大战后几乎同一时期，大多数欧洲国家的女性也相继获得选举权。继而，女性开始争取与男性享有均等的机会。我这一代人也为此付出过努力。当时，女人和男人做同样的工作，工资待遇却低很多，社会无法提供足够的儿童托管服务，在争取均等机会这条道路上，还有很多需要解决的问题，我们需要更加努力。另外，瑞典社会流动性强，人口稀少凸显出女性的重要性。瑞典女性受教育程度高，在瑞典、挪威和芬兰，每一个成年人无论男女都具备阅读能力，这也促进提高女人的社会地位。

何：在很多地方，女性作家还在书写女性在社会中所遭受到的不平等待遇，她们为女性争取基本权利。然而，在瑞典，女性已经拥有继承权、选举权。并且，与其他地方女性相比，瑞典女性在很多方面可以享受和男性均等的机会。在这种情况下，今天的瑞典女性作家主要写什么题材？

奥：我还没有做过相关研究，可能我的年轻一代的学生对相关情况更加熟悉。但我的大致印象是，在瑞典，今天的女性作家常常批判现存的性别体系。她们批判并解构“女性”和“男性”这样的观念，质疑性别化了的语言体系，拒绝使用代表男性和女性的代词。我的一位学生拒绝使用“他”或“她”这样的代词。女性作家试图使用一些中性的代词。她们认为，男女并没有本质区别。一些女性作家拒绝使用“女性”等字眼，她们反对二元对立的性别系统。我个人认为，这些女性作家比较极端，我不太能接受她们的观点。我认为，男人和女人的区别确实存在。另外，女性作家对移民文学中的女性问题缺乏关注。一部分瑞典人口是从伊拉克或中东来的移民或难民。他们并不是主流群体，但他们的社群中有值得我们深入研究的问题，而且有些问题非常迫切。

何：众所周知，美国文学和英国文学中的种族问题越来越引人注目。在瑞典，情况如何呢？

奥：今天下午我的博士生 Evilina 在她的报告中会谈到瑞典的移民作家。他们的作品很有新意，探讨一些有趣的问题，让读者有机会了解年轻一代的移民在文化和语言方面所遇到的问题，以及他们在不同文化之间怎样确立自己的身份。他们要确立自己新的身份，并不意味着否定祖籍文化。移民作家的作品，也会隐晦地批判种族主义。虽然此类问题在瑞典社会中并不明显，但它们依然存在。

何：中国读者关注诺贝尔奖获奖作品。2012 年，中国作家莫言获得诺贝尔奖，这是中国文艺界的重大事件。诺贝尔奖在瑞典颁发，瑞典公众对获奖作品关注吗？据你所知，瑞典学者和知识分子怎么看待中国作家莫言获奖？

奥：大多数瑞典人的态度很积极，认为评委们的决定是正确的。当然，也会存在一些异议。但总的来说，大家表现得都很积极，认为应该将诺贝尔奖授予莫言。在瑞典学院，有位非常精通中国文学的学者，他认为将诺贝尔奖授予莫言是明智的选择。在瑞典，有很多人关注这一奖项，很多瑞典人会坐在电视机前观看颁奖仪式，等待秘书长公布获奖者。随后，获奖作家的作品销量会大幅增长，当然，最开心的是出版商。我的先生也非常关注诺贝尔奖，他知道每一年的获奖作家。

何：你们瑞典读者非常幸运，因为很多优秀的作家获得诺贝尔奖后，他们的作品会被译成瑞典语，你们就可以有机会阅读这些作品，同时，这个作家也会获得更大的名气，如此一来，就会激励公众阅读文学作品，文学的重要性也随之增强了。

奥：是这样，我以前还没有注意到这一点，我们的确很幸运。相比之下，瑞典读者有更多机会阅读获奖作品。在瑞典，也有这样一种传统：收藏和阅读获奖作家的作品，这有利于提高瑞典公众的文学素养。我收藏每位获奖者的五本作品。收藏这些作品几乎成为知识分子的特有文化。

何：对中国读者来说，我们可能只知道获奖者的名字，并且很快就忘记了。但在瑞典，人们可以了解更多相关情况，购买并阅读相关译本。所以，在瑞典，瑞典和其他国家文学作品的销量都很大。

奥：对于那些想获得诺贝尔奖的作家，他们可能会提前去瑞典做演讲，更多地被公众和瑞典学院所熟悉，这样他们就更可能获奖。一九九几年，我曾听到德国诺贝尔奖得主君特·格拉斯的精彩演讲。有机会在现场听他的演讲，感觉很不错。

何：谢谢你回答以上问题。如果对这些问题你有更多新的观点，也请通过邮件发送给我。

奥：北欧各国文学的不同之处是什么，这个问题比较难。如果我有新的想法，我会通过邮件发给你。

何：谢谢你。

美国当代戏剧的景观

——与大卫·萨夫兰的访谈[①]

大卫·萨夫兰(David Savran)是研究美国当代戏剧、音乐剧、流行文化的专家,主要研究领域包括伍斯特·格鲁普(Wooster Group)戏剧、田纳西·威廉姆斯(Tennessee Williams)戏剧、托尼·库什纳(Tony Kushner)戏剧、白人男性气质、音乐剧等。已出版八本专著,其中最新问世的《名流/内幕:戏剧,爵士乐,新中产阶级的形成》(*Highbrow/Lowdown: Theater, Jazz, and the Making of the New Middle Class*)获得2008至2009年度最佳戏剧评论图书奖——乔·A.卡拉威奖(Joe A. Callaway Prize)。曾担任奥比奖和罗西尔·罗特尔奖(Lucille Lortel Awards)评委,并于2011年和2012年担任普利策戏剧奖评委。他是《美国戏剧与剧场》(*Journal of American Drama and Theatre*)的前主编,也是纽约城市大学研究生院维拉·莫里·罗伯特讲席教授。

2014年5月28日,萨夫兰教授在南京大学-约翰斯·霍普金斯大学中美文化研究中心做学术报告,报告题目是"跨国品牌流通:新式百老汇风格音乐剧"(Trafficking in Transnational Brands: The New "Broadway-Style" Musical)。报告结束后,南京大学师生与萨夫兰教授就百老汇音乐剧、美国

---

① 南京大学外国语学院博士生王雪颖整理和翻译。

当代戏剧等学术话题进行访谈交流。

萨夫兰(以下简称萨):很高兴在此向大家介绍我的研究课题"跨国品牌流通:新式百老汇风格音乐剧"。在德国和韩国的观戏体验促使我研究这个课题。

20世纪90年代以来,世界各地的剧院、博物馆、歌剧公司、交响乐团都投入巨额资金雇佣销售公司进行市场调研。美国独特的戏剧公司百老汇联盟也雇佣市场代理机构打造百老汇品牌,使之成为国际文化产业中的知名品牌。随着全球化进程加剧,世界各地类似百老汇音乐剧的文化产品逐渐兴起,这使得最富美国特色的戏剧变得越来越没有国家特色。在21世纪,观众心目中的百老汇音乐剧未必是那些在美国制作或演出的音乐剧。新型百老汇音乐剧在韩国首尔和德国汉堡都很流行。在那里,许多剧作家、制作人和导演运用百老汇音乐剧传统规范制作出具有美国风格的音乐娱乐产品。通过考察美国、韩国和德国音乐剧之间的动态关系,我们可以研究百老汇音乐剧的全球化范式。在纽约,制作音乐剧成本较高,因此,制作商寻找海外合作伙伴。相比之下,德国和韩国的音乐剧制作成本较低,并且自20世纪90年代以来,百老汇娱乐节目在韩国和德国深受人们喜爱。

百老汇音乐剧在全球流行已久。19世纪末20世纪初,一些百老汇音乐剧在伦敦西区上演。第二次世界大战后,音乐剧在法国、德国、荷兰等地流行。20世纪90年代后,音乐剧也受到中亚和东南亚观众的喜爱。韩国制作的百老汇音乐剧标志着百老汇音乐剧的全球化。2006年,制作商约翰·F·布莱格里(John F. Breglio)将音乐剧《追梦女孩》(*Dream Girl*)改编成电影,大获成功。2009年,布莱格里与韩国制作商辛春苏(Shin Chun-soo)合作制作音乐剧《追梦女孩》。剧中演员全是韩国人,该剧上演六个月,观众反响强烈,获得六项韩国音乐剧奖,其中包括最佳外国音乐剧奖。对辛春苏来说,制作音乐剧《追梦女孩》缘于他对品牌的追求,他希望将韩国音乐剧推广到国际舞台上,同时通过投资百老汇文化产品也可以领衔韩国音乐剧产业。而对布莱格里来说，与韩国制作商合作可以节约近六成成本，因为韩国的劳动力成本、演出服装费用等都比纽约低很多。布莱格里发现，音乐剧与Gap、Apple、Victoria's Secret等品牌类似，可以在国外生产，然后再进口到美国出售，从而获得更多利润。尽管《追梦女孩》原剧讲述非裔人的故事，但制作商可以忽略其中的非裔文化印记，突出其中的普世主题，以吸引更多观众。美韩合作的音乐剧《追梦女孩》可以带给国际观众更为多元的文化。

李贤张（Lee Hyun-jung）认为，韩国制作的百老汇音乐剧可以促进韩国文化产业的发展，并且启发人们思考文化身份、国家身份等问题。另一部韩国音乐剧《英雄》（*Hero*：*the Musical*）也大获成功。该剧讲述韩国人反抗日本侵略的故事，具有民族主义特色。导演尹浩进（Yoon Ho-jin）认为，《英雄》运用百老汇音乐剧范式，表达韩国民族主义精神。百老汇亚洲（Broadway Asia）部门负责人西蒙·杰奈特（Simone Genatt）也认为，百老汇作为一种非政治性的娱乐产品，不仅可以打通不同文化之间的界限，还可以在国际市场上发挥品牌效应，带来丰厚的利润。

2013年，德国舞台娱乐公司（Stage Entertainment）制作的音乐剧《洛奇》（*Rocky*：*Das Musical*）荣获德国最佳音乐奖。有评论者称，音乐剧《洛奇》是第一部德国制作的百老汇音乐剧。舞台娱乐公司的经理乔汉思·默克·欧哈拉（Johannes Mock-O'Hara）认为，制作音乐剧《洛奇》是德国音乐剧历史上具有里程碑意义的事件。

从20世纪80年代起，人们常常使用“文化帝国主义”这一术语分析美国化现象。1980年，《麦克布莱德报告》（“The MacBride Report”）提出对文化帝国主义的定义，认为文化帝国主义是强势文化对弱势文化的入侵，强制推行统一的文化标准。诚然，谈及百老汇音乐剧时，我们不能忽略文化帝国主义因素。一些学者将迪士尼音乐剧视作“McTheatre”[①]，借此批判文化产业

---

① 取自全球最大的快餐连锁品牌McDonald's（麦当劳）的词头“Mc”，意指“重复的、单调的、无创意的”，“Mc Theatre”即“千篇一律的戏剧”，同类的新词还有“McPainting”（没有创意的画）、“McEducation”（没有前途的工作）等。

中的标准化问题。但这种看法忽视了特定语境中观众对戏剧表演的反应。戏剧与好莱坞电影不同，舞台剧带给观众一种特殊的体验。对观众接受的研究，是一项十分复杂的课题。为百老汇音乐剧贴上文化帝国主义的标签是一种误读。同时，那些持有文化帝国主义观点的评论家对流行文化也抱有成见。当今戏剧演出已成为全球文化产业，我们需要重新考量这种看法。我认为，文化公司熟知标准化、商品化所带来的危害，他们采取定制化(codification)策略来应对观众对于文化产品的需求。

在美国，尽管百老汇品牌好像在走下坡路，但百老汇音乐剧依然在上演着关于希望、欲望、恐惧和焦虑的故事。2009 年，迪士尼网页选用自由女神像作为背景图案，这似乎在暗示纽约依然是迪士尼娱乐产品的摇篮。百老汇音乐剧正从纽约舞台走向国际市场。在欧洲和亚洲国家，新型百老汇音乐剧日益流行。百老汇品牌已成为重要的销售手段，深受全球观众喜爱。

何成洲(以下简称何)：谢谢你的精彩演讲。我发现我们的研究有交叉的地方。你提到，韩国制作的音乐剧《英雄》是一种非政治性的文化产品。我对非政治性文化产品这个概念不是十分清楚。音乐剧《英雄》虽然以韩国英雄故事为题材，代表一种非政治性的娱乐，但这部剧也可能含有政治性的维度。我想听听你的见解。

萨：所谓非政治性，这是百老汇总裁的观点。实际上，《英雄》具有强烈的民族主义色彩，也具有反日倾向。我想日本观众不会喜欢这部剧。像《洛奇》这样的音乐剧也具有民族主义色彩，但制作商坚持制作这部戏，开拓音乐剧市场。

何：你谈到音乐剧《洛奇》是第一部在德国制作的百老汇音乐剧。诸如此类的“德国性”“美国性”“中国性”等话题所蕴含的意思非常复杂。我曾经研究过张艺谋导演的《图兰朵》。这部剧取景于北京故宫。在推广这部音乐剧时，我们称之为“中国制作”。然而这种“中国制作”“中国性”实际上也具有国际特色，因为从音乐角度来说《图兰朵》具有意大利音乐演奏特色。音乐剧《洛奇》在汉堡制作，《图兰朵》取景北京故宫，你怎样评价这种“中国性”

“德国性”问题？

萨：我认为，这种“中国性”或“德国性”实际上是一种开拓市场的策略。我们把舞台音乐剧《洛奇》称作德国音乐剧，目的是吸引汉堡观众。在中国制作的《图兰朵》和韩国制作的《英雄》中有大量的传统文化表演，对传统文化的大规模再现，也是一种市场策略。

何：确实如此。《图兰朵》在韩国、德国、法国等不同国家和地区巡演，将中国表演特色呈现给世界观众。报告中你也提到“反流行文化”这个话题，这是新中产阶级的文化趋向，你怎样看待新中产阶级？

萨：我在报告中所提到的新中产阶级主要指戏剧研究者。这些研究者不喜欢那些迎合中产阶级趣味的戏剧表演。

何：这让我想起中国流行歌星李玉刚。上周我在北京对他做了访谈。李玉刚的表演风格独特，他易装表演中国古代美女，演唱中国京剧。在中国，一些中产阶级喜爱李玉刚，认为他的表演代表一种中国式音乐剧；也有一些人，例如京剧学者，对李玉刚的表演表示不满和失望。戏剧学者、传统艺术表演者认为他的表演过于流行。你怎么看待流行文化与当今的反流行文化问题？

萨：今天，很多学者、知识分子和艺术家贬低流行文化，认为流行文化只追求观众市场，丢失了艺术标准，使传统艺术变得低俗。很多知识分子也不喜欢 hip-pop，但是，在首尔，这种表演形式促进了韩国文化的传播。

何：你在报告中提到“文化帝国主义”这个话题，它与后殖民主义的理论框架密切相关。文化帝国主义是分析一些跨文化表演的重要视角，比如分析亚洲表演中的西方元素、西方表演中的东方元素以及东西方表演的影响等话题时，人们通常会谈到文化帝国主义和后殖民主义。然而，我认为这种理论框架有其局限性，在分析其他一些跨文化演出时，我们需要另辟新径。在我研究中日版《牡丹亭》时，我发现文化帝国主义理论并不适用于这类演出，我们需要采取新的视角研究中日跨文化表演。在你的研究中有没有遇到过类似情况？

萨：我同意你的观点。我们需要注意，我在报告中所引用的“文化帝国主义”这一概念出现于20世纪七八十年代，近四十年来，我们的社会发生了巨大变化。当下，这一理论略显滞后，文化帝国主义并不适用于分析这类表演。在音乐剧《英雄》中，我们可以看到不同的表演传统，这些传统可能来自中国或日本。韩国制作人遵循百老汇音乐剧的一些表演规范，使用本土素材，制作出自己的音乐剧，推动韩国戏剧产业发展。另外，百老汇音乐剧也汲取很多不同国家的传统表演形式，例如美国、德国、英国等。

何：张艺谋导演的《图兰朵》也借用了西方素材，吸取西方表演艺术，将中国表演艺术推向国际文化市场。这在某种程度上也推广了中国国家形象。

学生：众所周知，美国是移民国家，美国社会中有意大利裔、德裔、法裔美国人。当下，族裔研究成为文学研究的热点。华裔美国文学成为一种文学类别，然而我们却没有听说过德裔美国文学、法裔美国文学等说法。我们为什么不将黄哲伦的戏剧看作美国文学，而称其为华裔美国文学呢？对族裔文学的定义本身是不是就反映出民族主义思想呢？

萨：简言之，是这样。具体来说，我们使用诸如华裔美国文学之类的称谓会使之在美国文学全貌中被边缘化。但这样的标签同时也可以促使作家走红。并且，在不同的语境下是否使用这样的标签也有不同的考量。例如，华裔剧作家黄哲伦的剧作《泰山》(*Tarzan*)就从未被称作亚裔美国音乐剧。

李淑玲：时下很多中国学者对“后‘9·11’文学”感兴趣，发表了诸多关于“后‘9·11’小说”的论文。“9·11”事件对美国影响深远。这一事件对美国戏剧有何影响呢？在美国是否存在“后‘9·11’戏剧”这种说法？

萨：这个问题很有意思也很难作答。在“9·11”事件后的头几年，出现了一些以“9·11”为题材的戏剧，但后来这些戏剧慢慢退出观众和读者视野。我现在还可以记起几部剧的名字，但几乎没有人再去演出这些戏剧。我不太确定这一事件对美国戏剧的影响有多大。尽管在纽约戏剧演出非常活跃，但剧作家对发生在纽约的这一事件并未给予太多关注。较之“9·11”事件，剧作家对伊拉克战争的关注相对多一些。很多剧作家对这一战争感到恐慌，写了很多有意思的剧本。

李淑玲：我搜集到一些关于“9·11”事件的戏剧专著。我们可否集中研究关于这个话题的戏剧或小说？

萨：当然可以。我本人没有花很多时间读小说，所以我很难对此发表评论。但我认为，当我们谈论“9·11”事件时，我们不能仅仅局限于“9·11”当天所发生的事情以及相关的媒体报导等。我们需要将“9·11”事件与伊拉克战争、恐怖主义战争联系起来，进行相关研究是十分有价值的。“9·11”事件后的恐怖主义战争对美国文化和美国文学产生巨大影响，也影响了美国人对种族、族裔的看法。在美国，当人们讨论中东问题时，也常常会谈到东方主义理论。总之，我认为“后‘9·11’文学”值得研究，但应放在更广阔的视野中进行研究。

何：作为不同戏剧奖项的评委，你认为那些以“9·11”事件、伊拉克战争为题材的剧作容易获奖或适合舞台演出吗？

萨：这是一个很好的问题。在我的印象中，这类剧作很少获得大奖。我想，其中一个原因是这些戏剧往往侧重传达某种信息却忽略了戏剧的艺术形式。

何：运用恰当的艺术形式来呈现“9·11”事件或伊拉克战争这类话题的确很难。

萨：大约三年前，我担任普利策戏剧奖评委，读到一部关于伊拉克战争的参选剧作。作者是拉丁裔作家，剧中人物大都是拉丁裔，主角是一位从伊拉克返乡的军人。这是我所记得的一部关于此类题材的作品。

姜煜星：您在报告中提到商品化（commodification）和定制化（codification）这两个概念，它们的区别是什么？

萨：20世纪中期的评论家用商品化这个概念来批评当时的大众文化，它们批判艺术品沦落为一种像餐巾纸、汉堡一样的商品。“定制化”这个概念也与大众文化有关，指大众文化应当满足观众的需求。

陈曦：很荣幸听您的讲座，也有幸第一次见到普利策奖评委。我研究的是曾两次获得普利策奖的剧作家奥古斯特·威尔森。您在报告中提到普利策奖的评选标准之一是剧作的艺术性而非政治性。戏剧的政治立场与观众市场在评选过程中占多大比重呢?您可否简要介绍普利策奖评选流程呢?

萨:普利策奖评选过程非常复杂。该奖项有多位评委,要想达到一致意见,评委们可能会或多或少地妥协自己的看法,这也意味着那些最具实验性、易引起争议的作品很难获奖。普利策奖提名委员会由五位成员组成,当时我们这个委员会中有三位记者、一位剧作家和一位学者。我们花很长时间讨论参选作品,从九十部中选出三部作品,将这三部作品提交给普利策奖评审团(board)。评审团由十八位成员组成,他们大都是记者,他们决定谁是普利策奖的最终得主。奥古斯特·威尔森的创作形式比较传统。第一次阅读他的作品时,我惊讶地发现他的戏剧与易卜生戏剧有异曲同工之妙。威尔森的文风朴实,也因此博得这些身为记者的评委们的青睐。

何:为什么有那么多记者担任评委呢?

萨:因为出资设立普利策奖的约瑟夫·普利策本人是新闻出版家。普利策奖共设有二十一个奖项,其中大部分是关于新闻的奖项。只有四个奖项是文学类奖项,它们是普利策小说奖、戏剧奖、诗歌奖和非小说类文学奖。

何:很多记者担任普利策戏剧奖评委,你如何看待他们的评选呢?

萨:我担任过两次评委,发现评委们常有不同意见,但大家最终也能达成一致意见,尽管每位评委都有自己的偏爱。从根本上说,普利策戏剧奖授予剧作文本,而不是舞台演出。这些参选作品应当吸引读者,剧作可能会讨论一些传统话题。谈到戏剧传统,我首先会想到易卜生和契诃夫。几乎所有的获奖作家都或多或少受到这两位剧作家的影响。评选过程中,剧作的道德立场依然是评委们所关注的焦点。获奖剧作多是关于美国社会政治话题的严肃作品。喜剧难以获奖,因为喜剧所讨论的多是日常生活琐事。

柏云彩:我在研究英国剧作家卡里尔·丘吉尔戏剧中的性别和身份这一话题。在她的作品中,有很多同性恋人物。您怎样看待丘吉尔戏剧中的同性恋现象?这种同性恋现象对性别规范有何颠覆作用?我们应当怎样运用朱迪斯·巴特勒的性别表演性理论来分析丘吉尔作品中的同性恋现象呢？

萨：要理解丘吉尔的作品，我们需要分析作家生活的时代背景。在20世纪六七十年代，女性主义运动高涨，同性恋解放运动也逐渐兴起。丘吉尔，作为女性主义剧作家，关注性别、性属、性别规范、同性恋等话题。在某种程度上，丘吉尔为她笔下的人物提供了他们可以选择的性别身份。

柏云彩：全球化对音乐剧表演产生重大影响，音乐剧剧作家和导演应当怎样平衡全球化和本土化之间的关系？

萨：很多音乐剧剧作家都试图追求这种平衡。一种方法是运用多种音乐风格。例如，一些音乐剧既运用本土方言，也借用其他国家的音乐。将不同音乐风格混合使用，可增强表演的感染力，帮助观众理解剧中人物。

何：你的研究领域包括白人男性气质这个话题。在性别研究中，我们经常会谈到支配型白人男性气质。你怎样看待这个概念？

萨：20世纪90年代，一些学者运用巴特勒的性别理论来回应女性主义思潮，也有一些理论家对男性气质提出批判。我认为，男性气质和女性气质都是被建构起来的，这些规范对人的性别身份也具有威胁性。

杨婷：您在报告中提到，许多舞台音乐剧都是由电影改编而来的。那么在从银幕到舞台的改编中，必然有一部分东西会流失，当然也会有新的东西产生。您能否谈谈音乐剧改编过程中的得与失？

萨：大概从20世纪50年代起，音乐剧大都关于爱情这一主题。例如，将《洛奇》改编成音乐剧时，就突出其中的浪漫爱情。总的来说，音乐剧并不像电影那样细腻，很多音乐剧中的角色、场景都极度夸张。原因可能是，音乐剧作者在创作歌曲的过程中必须遵循一定的惯例，贯穿一个中心或主题。这就导致了固定的爱情歌曲或幽默歌曲，而这些歌曲的形式在某种程度上决定了改编作品的形式。这或许是改编的不足之处。但是，将电影改编成音乐剧增强了作品的情感尺度。音乐具有极强的感染力，可以将观众带入剧情，取得很好的演出效果。这或许可以看作舞台改编的长处。

王雪颖：我在研究1995年普利策奖得主霍顿·福特的作品，关注剧作中听觉景观(例如南方民谣等)与南方文化身份构建之间的关系。中国学者对霍顿·福特的研究非常少,您如何评价这位剧作家呢?

萨:和田纳西·威廉姆斯一样,霍顿·福特也是南方剧作家。南方戏剧历史悠久,阅读南方戏剧可加深我们对南方文化、南方身份的理解。谈到南方文学,我们会想到南方传统、奴隶制等。1865 年之前,美国南方是奴隶制社会。南方文学作品关注种族问题。我认为,霍顿·福特的作品与田纳西·威廉姆斯的作品一脉相承,注重运用音乐元素。

何:这里的听众大都是我的博士生,相信你的解答会给他们带来很多启发。在南京,我们观看音乐剧的机会并不多,但我们可以通过电视、网络等途径了解美国百老汇音乐剧。电视和网络为我们提供了了解世界上不同艺术形式的机会。我也建议李玉刚运用电视和网络等方式将他的表演带给国际观众。艺术作品能否成功在很大程度上依赖于网络途径。时间有限,我们的研讨到此结束。感谢你为我们带来关于百老汇音乐剧的报告。在此,我邀请各位以热烈的掌声向萨夫兰教授致谢。

“环境伦理与审美：中国和美国的视角”学术工作坊[①]

参加者：

斯科特·斯洛维克(Scott Slovic)： 美国爱达荷大学英语系教授、美国生态文学批评奠基人之一

方　红： 南京大学外国语学院教授，研究领域包括英美文学、环境伦理、环境审美等

韦清琦： 南京师范大学外国语学院教授，研究领域包括英美文学批评、生态文化研究、翻译实践等

马永波： 南京理工大学教授，研究领域包括中西现代诗学、后现代文学、生态文学、比较文学、西方文论等

姜礼福： 南京航空航天大学外国语学院副教授，主要从事后殖民生态批评、文学中的动物批评等相关领域的研究

艾大伟(David Arase)： 南京大学中美中心国际政治学教授

杨道子(Thomas W. Simon)： 南京大学中美中心国际法学教授

何成洲： 南京大学中美中心主任、英文系教授，研究领域包括西方现代戏剧、北欧研究、性别研究、生态文学等

① 南京大学外国语学院博士生王雪颖整理。

何成洲(以下简称何)：早上好，欢迎大家参加“环境伦理与审美：中国和美国的视角”学术工作坊。我们有幸邀请到来自爱达荷大学的斯科特·斯洛维克教授。斯洛维克教授八年前就曾来过南京，在本人主持的生态研究暑期学校担任首位发言人，所以我们今天算得上是老友重逢。同时欢迎在座各位教授的光临，来自南京大学的方红教授，来自南京师范大学金陵女子学院的韦清琦教授，来自南京理工大学的马永波教授，以及来自南京航空航天大学的姜礼福教授，当然还有我在中美中心的亲爱的同事们。下面有请斯洛维克教授给我们简要介绍一下美国的生态研究现状。

斯科特·斯洛维克(以下简称斯)：谢谢！我在爱达荷大学教授文学和环境研究，并担任英语系主任。这是我在中国的第三十六次讲座，中国生态研究发展态势可喜，很多地方涌现了一大批生态研究组织及活动。我将简要介绍一下美国生态研究最新发展情况。我担任《文学与环境跨学科研究》(*Interdisciplinary Studies in Literature and Environment*/ISLE)主编十九年之久，同时我也是文学与环境研究会(Association for the Study of Literature and Environment/ASLE)的创始者，这个组织现在在全球拥有十个分部。爱达荷大学与华盛顿州立大学相距甚近，两所大学的生态研究学者、学生以及访问学者基本上一月一聚，共同从事生态批评的学习和研究活动。当然还有很多中国学者参与到我们的学习小组中来。我们的团体是一个跨学科的组织，其中的学者的研究领域包括新物质主义、当代环境研究、后殖民研究等等。我们从去年开始推行一个名为“荒野中的学期”的项目，今年秋天会再次开展。项目招募十二至十七名学生到荒野中学习三个月，他们的学习内容既包括人文社科方面的内容，例如文学、写作哲学，也包括生物学、领导力以及与荒野相关的法律和管理。一般情况下，他们会在荒凉的山谷中待上三个月，教员们每周乘坐直升飞机去给他们授课。这是一种跨学科的、实验性的、浸润式的环境化教学方式。现今，我们不再谈论环境历史、环境哲学以及文学研究，而是谈论环境人文。我从研究生时期就开始从事环境研究，但是环境研究中这种跨学科的发展态势是前所未有的。大家现在都在试图寻找方法去了解和理解自己的姊妹学科。

“生态批评”这一术语首次出现在威廉·路科特(William Ruckert)1978年发表的文章《文学与生态学——生态批评小试》(“Literature and Ecology: An Experiment in Eco-criticism”)中。路科特在文中并未明确定义“生态批评”,也未给出任何确切的研究方法。他只是指出我们应该试图将生态思考带入到人文研究中来,我们应当在某一时刻清醒地意识到环境危机。切瑞尔·格劳特费尔蒂在1996年出版的《生态批评读本——文学生态学的里程碑》序言中给生态批评提供了一个精准的定义,即对文学与自然环境关系的研究。她的目标是拓宽文学研究的领域,不仅仅关注人与人之间的关系,也要关注文化表现与更广阔的世界之间的关系。大卫·梅塞尔(David Maisel)曾经不无幽默地说到,生态批评就是“抱着地球仿佛很重要的观点来研究文学”。我很喜欢这一说法,因为地球确实很重要,应当引起我们的重视。我自己在不同的地方也给过一些更为宽泛的定义,我认为生态批评就是从任何研究角度对明显的环境文本进行研究。生态批评是一个渗透性很强的学科,它能轻易地与其他学科、其他研究方式融合。我也认为生态批评没有一个明确的研究方法不失为一件好事,这使得它能够更好地融入以及适应具体的文本环境。另外,即使一种文化表现方式没有明确提到自然,人们仍然可以从生态批评的角度来研究它。生态批评是一种开放的批评方式。彼得·巴利(Peter Barry)在其《入门理论——文学和文化理论导论》中列出了生态批评家做的事:1.他们以生态中心的视角重读主要的文学作品,尤其关注这些作品中对自然世界的再现;2.他们拓展了一系列生态中心概念的适用范围,例如生长和能量、平衡和失衡等等;3.他们极度重视将自然作为其主要写作对象的作家与作品,例如美国的超验主义者、英国的浪漫主义者、哈代等等;4.他们通过重视相关的“事实”书写,例如随笔、游记、回忆录等等非虚构类作品,拓宽了文学批评实践;5.他们质疑传统文学理论中的“社会建构论”和“语言决定论”。劳伦斯·布伊尔也是生态研究方面的重要学者,他的新书《环境批评的未来:环境危机与文学想象》,试图从其他学科中寻找新的研究模式。他认为"文学研究中的环境专项不应该被视作是单一的，而应该被视为不同的实践方式的集合"。当然，美国生态研究领域还有很多其他重要的学者。例如帕特里克·墨菲（Patrick Murphy），他创办了杂志 *ISEL*，非常多产，研究领域很广。帕梅拉·邦亭（Pamela Banting）作为一名作家和理论家，创立了文学和环境研究会加拿大分会。墨菲在其 2000 年的《在认为偏向自然的文学作品研究中更进一步》（*Farther Afield in the Study of Nature-oriented Literature*）一书中提到，我们现在应该跨越文化的隔绝与孤立，与各种文化联系起来，以一种国际化的、比较的眼光继续从事生态批评。坚持狭隘的民族主义式的写作和阅读，是无济于事的。2009 年，我与乔尼·亚当姆森合作编辑了一期 *MELUS：Multiethnic Literature of the United States* 特辑，在评论中我提及了生态批评的第三次浪潮，在这一浪潮中我们不仅要关注民族和国家特性，还要致力于跨越种族和国家的界限，那时我们就意识到了对比研究的必要性。我认为墨菲所倡导的比较研究视野可以视作生态批评第三次浪潮，即多种族生态批评的起点。这一领域涌现了一大批优秀的人才，在此不赘述。近年来，北美生态研究领域比较突出的学者有两位，他们代表了生态批评的主要发展趋势。其中一位是斯黛西·艾雷莫（Stacy Alaimo），是新物质主义生态批评的代表人物。她从生态批评的角度研究一系列的文本，从文学文本到医疗记录等等，不一而足。她由于创造了"躯体交互性"（trans-corporality）这一概念而闻名，其 2010 年出版的《身体的自然：科学、环境与物质的自我》（*Bodily Natures：Science，Environment and the Material Self*）试图从哲学的、女性主义的角度来进行生态批评。2011 年罗布·尼克森发表了《慢性暴力与穷人的环境主义》（*Slow Violence and the Environmentalism of the Poor*）。这两位学者现在在生态研究学界影响很大，去年在迈阿密召开的文学和环境研究大会上，他们都是主题发言人。尼克森书中的关键概念是"慢性暴力"，与明显的攻击他人之类的暴力不同。这种暴力一般是结构性的，指的是那些隐形的、可以引发明显的个人暴力行为的大型结构。权力失衡、某些弱势群体所面临的不断增长的风险因素、污染以及资源匮乏都是慢性暴力的形式。另一个概念是“理解”(apprehension)。应对慢性暴力的方式就是去直面不同层次的理解困境,去理解、制止或减轻无法察觉的威胁。结构性的暴力通常都是大规模的、缓慢的现象,例如气候变化、污染、灭绝,它们往往不易被察觉。这也是我们不能很好地从社会角度来做出回应的原因。因此,生态批评家才会着重强调想象性文本帮助我们识别、认识这些想象的重要性。尼克森是萨义德的博士生,深受萨义德的后殖民敏感性和公共知识分子观念的影响,他提到环境作家激进主义者。他自认为是一名公众知识分子,为被忽视的环境现象和人群发声。尼克森的书很不易读,他研究了很多国际性的文本,这些文本流传度不是很广,大多数人对其都不是很熟悉,所以说阅读他的书是一个挑战。艾雷莫 2008 年在其文章《躯体交互女性主义和自然的伦理特征》(“Trans-corporal feminisms and the ethical aspect of nature”)中首次提出了“躯体交互性”(trans-corporality)这一概念,“设想人类躯体是交互性躯体,其中人与非人的世界融合”。她的研究大多关于环境中的有毒物质,探究它们怎样影响人的(尤其是女性的)健康。所以她的研究中涉及公共健康,关注人类与外部世界的物质性接触,或是人与世界的融合。

2012 年生态批评的物质主义转向更加明显,形成了我所说的生态批评第四波浪潮,其关注点不仅仅是细胞层面上的物理性、物质性、力量与过程,也包括应用生态批评,人们开始研究饮食、运动以及住宿等物质文化。总的来说,第四阶段的生态批评主力是物质主义生态批评和应用生态批评。物质主义生态批评有两部重要理论文本。其中之一为物理学家凯伦·巴拉德(Karen Barad)的《与宇宙半途相遇:量子物理学和物质与意义的纠缠》(*Meeting the Universe Halfway: Quantum Physics and the Entanglement of Matter and Meaning*)。凯伦书中提出“intra-action”的概念,认为物质是会作用于人类世界的,并不仅仅是人作用于物质,物质也会反作用于人类。另一个文本为简·本奈特(Jane Bennett)的《活跃的物质:物质的政治生态学》(*Vibrant Matter: A Political Ecology of Things*),在其中本奈特提出了

"agentic capacity"概念，即所有的物质都能实施其能动性（the capacity of all matter to have agency），能动性不仅限于人类。2014 年夏天即将出版一部大型新书《物质主义生态批评》，编辑为 Serenella Iovino 和 Serpil Oppermann，他们分别来自意大利和土耳其，但大部分撰稿人都来自北美地区，这也与我今天的主题比较切合。与罗布·尼克森的"穷人的环境主义"理论相关的是我最近出版的一本书《生态歧义、社群和发展：走向政治化的生态批评》（*Ecoambiguity, Community and Development: Toward a Politicized Ecocriticism*），这本书是我与两名印度裔同事合作编辑，他们分别为 R. Swarnalatha 和 Vidya Sarveswaran。这本书是一个更大的研究计划的一部分，这个计划叫"南半球的生态批评"，致力于为发展中国家的生态批评家提供平台，使他们的声音能被听到。以上就是我今天所要讲的内容。

何： 谢谢斯洛维克教授的精彩演讲。以前我们研究生态批评时，大都很局限，一般都关注自然文学，例如小说、诗歌和电影等等。现在看来，生态批评的研究领域确实大大地拓展了。

艾大伟（以下简称艾）： 从你的演讲看来，仿佛现在大家的生态批评研究都不仅限于文学文本，而是试图从人文的角度来理解一系列与人与环境有关的文本。你能给我们简要介绍一下目前中国的生态批评研究状况吗？

斯： 我们对文学文本的研究依旧延续着，只是我们的范围越来越广。现在，生态批评对大众文化很是关注，比如生态音乐研究和生态电影研究。中国的生态电影研究也很突出，几年前出了一本书叫《中国生态电影研究》。香港城市大学一名年轻学者现在正在系统地研究亚洲生态电影。然而中国的生态批评有很多学派，例如厦门大学的王诺极力倡导生态中心主义，提倡环保，反对人类中心主义。另一个派别则是由哲学家和理论家组成，他们更关注中国环境美学，比如曾永成和曾繁仁，他们试图将中国古代典籍的相关哲学概念提炼出来，运用到现实中来，以此唤醒人们的环保意识。

方红（以下简称方）： 我主要向大家汇报一下我在南京大学英语系的生态批评教学实践与研究工作。我在英语系教授美国环境和美国文学这门课程，关注环境伦理和环境审美。我通过美国文学经典《老人与海》切入环境伦理的教学。这学期我以《靠鲸生活的人》为教材从全球化的角度来教授环境伦理，课上我邀请了一系列教授来与学生交流。我的学术活动包括上学期与高研院合办的“动物伦理、工作伦理与环境伦理工作坊”，邀请了海峡两岸的哲学、历史、地理方面的专家学者共同参加，是一次跨学科的学术活动。同时我们正在筹备第五届海峡两岸生态批评会议。

何：中国的生态电影研究如何？我觉得电影是一个很好的研究媒介，与文学相近，但又全然不同。

方：台湾拍了一系列低成本的环保电影，对比了台湾多年前的环境状况和现今的环境状况。台湾当地的少数民族青年人也开始拍摄关于自己部落的纪录片。

何：还有一部重要的生态电影是《可可西里》，关于偷猎者怎样在西北沙漠地区捕杀藏羚羊，摧毁土地。最近一部纪录片《重返狼群》在网络上也引起了很大的争论。故事主人公是一名年轻的女画家，她在藏区收养了一只狼崽，将它带回成都，待其长大后，重新将其送回了草原。我对生态写作的兴趣点为狼形象的塑造。此外，中国作家姜戎的小说《狼图腾》也引发了很大的争议。

姜礼福（以下简称姜）：我主要谈谈动物研究，我的题目是“暴力三角的受害者——由虎及鲸”。我比较关注人与动物之间的关系，认为人对动物的态度会影响双方的生活。中国有着“打虎”这样一种文化传统。中国的许多文学经典，比如《水浒传》和《西游记》里一些主人公打虎事迹广为传播，并被人们奉为打虎英雄。在《水浒传》中，武松因为赤手空拳打虎而出名，李逵也是。在《西游记》中，孙悟空也有将老虎打死的行为。这些是我们能够在中国文学经典中找到的人物打虎的一些片段。在中华人民共和国成立后，人类与老虎的关系发生了巨大改变。20世纪50年代土地改革之后，人们开始大面积垦荒，老虎逐渐失去了它们的生存空间。它们不得不离开森林，到乡村城镇来寻找食物，这样就产生了1952年的“虎患”。数据显示，1952年老虎在湖南省一天就吃了32人。1957年有几百只老虎在村庄外徘徊希望找到食物，成了轰动一时的事件。这显然不属于自然灾害，是人类自身的行为使得这类事件发生。那个年代，能够打虎的人受到了大家的尊重，其中有一位打虎能手陈耆芳被称赞为“现代武松”，他在7年内打死了168只老虎。这些是华南虎厄运的开始。直到20世纪80年代末，政府颁布了法令来保护老虎，但为时已晚，华南虎只剩下30到80只。华南虎本可以在中国的南部、东部、中部、西南部大量生存，但它们在将近40年的大规模捕虎行动中消失了。今天，华南虎被认为已经野外灭绝了，在超过25年的时间里，人们再也没能在野外看到过华南虎。在2007年，54岁的农民周正龙因为声称拍摄到华南虎的踪迹而出名。他告诉公众，他有野生华南虎的照片。这些照片在网络上广泛流传，引发了公众的激烈讨论，大家都感到很兴奋。但在经过一个月的调查后，警方证实这些照片是假的，周正龙被抓。但其实有许多人参与到周正龙的这次的策划中来，因为一旦他们能够找到华南虎存在的踪迹，他们将会得到奖励。

如果说老虎是森林之王，那么鲸则被认为是海洋之王。根据我以往的调查研究，有关鲸最早的记载可以追溯到公元前6000年，在现代，特别是在17、18世纪，捕鲸已成为了一种产业。在第一次世界大战和第二次世界大战中，人们由于需要研制海洋武器而进行了大规模的实验，鲸遭到了毁灭性打击。这些动物的命运启发人们思考自然与文化之间的关系。这些动物属于自然界，但从人类文明的角度来看，它们又属于文化的一部分。所以我希望找到更多的关于这种关系的线索。詹明信(Fredric Jameson)论述了工业文明本身存在着暴力，暴力有着特别的作用，如果没有暴力，工业文明就只能灭绝。工业文明发展的道路上充满着对人类、地球和非人类的暴力，人类被培养出了憎恨生命、憎恨自然、憎恨野生动物、憎恨并且恐惧自己的情感。根据他的理解，上层阶级人民的财富比下层人民的更具价值，所以上层阶级的人可以拥有更多土地来创造出更多的价值，并且可以拿走甚至毁灭下层人民的财富，这样就是生产。詹明信认为这就是现代资本主义世界工业文明的逻辑。

我想讲的第二点是由挪威社会学家约翰·加尔通(Johan Galtung)提出的,他是和平与冲突理论的创始人。他试着提出一些概念,比如“暴力三角”,用它来命名直接暴力、结构暴力和文化暴力。他认为,当人类被影响时,暴力就出现了。“直接暴力”通过身体呈现出来,受害者可以直接感知出;“结构暴力”是在经济社会和政治下产生的;“文化暴力”涉及文化的所有方面,可以用来证明各种暴力。我用这个理论来具体分析两部作品。第一部是梅尔维尔的《白鲸记》(*Moby Dick*),第二部是中国作家李传锋的《最后一只白虎》。动物的命运与人类的命运是息息相关的,它们可以引发我们来思考生态批评的责任以及人类自己的责任。

何:下面是韦清琦教授做报告。然后我们将会进行讨论。

韦清琦(以下简称韦):首先我想谈谈生态电影,我认为要为其下定义是不太容易的。生态电影与其他类型电影的区别到底在哪儿呢?比如《哥斯拉》,它是生态电影吗?它反映的是自然灾害吗?我们能带着生态电影的视角来看这部电影吗?如果是这样,那么几乎所有的电影都可以被定义为生态电影。台湾的生态电影有《赛德克·巴莱》,它讲述的是一个台湾少数民族率众反抗日本政府而发动雾社事件的故事。当你看完电影,你会发现这部电影不仅仅是一个民众反抗侵略的故事,而且也和台湾的生态环境息息相关。所以几乎所有电影都可以从生态的角度去认知。

说到动物,我认为姜教授对于老虎的兴趣很具有启发性。如果我们写一些关于老虎、熊猫的文章,我们会发现,不仅仅是老虎,别的一些珍稀动物同样有着相同的遭遇。熊猫在中国被当作“国礼”来赠送给外国,这样熊猫也失去了其野性。从这个角度来说,几乎所有的野生动物都是受害者。

对于生态批评的几次浪潮我也很感兴趣,我希望能够找出这些浪潮之间的连续性。生态批评的本质就是跨学科、跨国界的。生态批评本来就是模糊的,所以第一波浪潮可能就是来模糊人与自然、种族、国家和文化的边界。我很欣喜地发现生态批评已经扩展开来,这样文化研究也有了更多的发展。

另外，我认为我们现在坐在这里，与外部受污染的空气隔离开来，远离自然来谈论中国的生态批评，其实是挺荒谬的。我们需要走出书房，走出学校，来进行一些更实际的研究。这就是为什么生态批评的第四波浪潮显得尤为重要。同样，国际化的批评趋势也很重要。我研究的领域是中国的生态女性批评，以往，生态女性批评被认为是生态批评的一个分支，但现在它可以被认为是可以包含生态批评了。生态女性批评可以化解分歧。我的生态女性主义批评研究，是尝试运用中国传统的道家思想"阴阳"来分析生态女性主义。当然我不是研究生态女性主义批评的第一人，我曾读过一本丹麦作家的书，给了我很大启发。有关"阴阳"的概念与许多西方生态概念呼应，比如土地伦理。"阴"不仅仅代表着善良，"阳"不仅仅是邪恶。阴阳相调和适用于几乎任何社会，所以提倡中国的"阴阳"的概念很有作用。从自我批评的角度来说，道家学说甚至也不能很好地解释"阴阳"。我们必须将"阴阳"改变成更适合现代社会。在这里我不想展开讲述我的论文，但是"阴阳"的理论值得我们的关注，生态女性主义批评很有前景。

何：好的，谢谢你的报告。那么你认为中国生态女性主义面临的重要问题有哪些呢？

韦：有很多层面。从学术研究上来说，生态女性主义可以发展、更新中国的女性主义理论。从我所在的学院来看，一些从事女性研究的学者的研究并没有包含环境保护主义。

何：环境保护主义与女性主义如何交叉呢？

韦：我认为女性主义应当包含生态批评，如果没有的话，那么女性主义就不完整。如果包含，那么女性主义研究会非常有前景。

何：女性主义通常认为女性是受害者，女性遭受着一些压迫，并且进行着反抗，那么生态女性主义批评呢？它同样也认为女性是生态环境的受害者吗？

韦：从一部分来说是的，但不是全部。我认为对于那些对环境保护主义没兴趣的人们来说，生态女性主义是一个很好的切入口。女性主义不仅仅关注女性的问题，同样也关注那些弱势群体、政治犯和贫困者。所以社会的多个层面都可以是女性主义关注的对象。

何：在中国农村，许多男性离开农村进城打工，女性留在农村，而现在农村周围都建有工厂，这样农村的女性遭受着工业化带来的污染等不公的待遇，这些可以成为生态女性主义的议题。

韦：这就是女性常常成为环境灾难中最可怜的受害者的原因。

艾：你之前有说到过女性主义可以通过扩大研究领域来完善自己，比如通过引入生态议题，这种引入其他批评类型的做法会产生什么问题呢？

韦：对，这是一个问题。尽管我们说性别问题可以成为环境问题，自然也可能女性化，但这些并不意味着女性比男性更贴近自然。自然问题与性别问题都有联系，人们对待自然与男性对待女性的方式有着一定的关联。如果我们想要解决男性、女性之间的问题，或许可以借鉴人类与自然的关系。这就是生态批评可以扩大到许多其他批评领域（比如后殖民理论等）的原因。

杨道子：我对你说的道家的理论不太了解，道家是宣扬儒家的理论吗？生态女性主义在中国并没有女性主义的传统，但道家学说有着很深厚的传统。可不可以在道家学说中找到一些生态女性主义的东西？

韦：是的，道家理论实在是太晦涩了，我们不能简单地将其归纳为反生态或者亲生态。但在道家学说中有一些重要的元素甚至语句是反生态的，它们宣扬男性沙文主义以及父权，所以当我们将它们用于生态批评时，这些需要被重新修正。

方：说到道家学说，我想到了中国的另一个传统文化——儒家文化。在南大，我们有一位哲学家最近在研究新儒学的生态信息。新儒学从20世纪90年代开始在中国有着广泛的影响力，白玉晓教授在我们上学期的生态批评工作坊中有发表文章，将中国文化、历史以及哲学中的生态资源与个人规范联系在一起，尝试着发出中国的生态批评的声音。在中国谈论起生态批评时，我们总会将其与“阴阳”等种种中国传统文化联系在一起，但它们可以与中国现代文化相联系吗？在南京大学，我们有一些生态项目，其中一个项目是对小学生校园饮用水的调查。在我的课堂上，我组织了学生进行校外旅行考察，今年是前往黄山考察。我们希望调查出工业化的繁荣与自然植被、动物的保护之间的联系。在我来这个工作坊之前，我并不了解第四次生态批评浪潮，但现在看来我们似乎朝着同样的方向前进。作为研究生态的学者，除了写一些有关生态批评的文章，或者从生态角度分析文学，我们同样也希望自己能为社会做出些实际贡献。两三个星期前，来自中国大陆、台湾、香港的学生聚在一起，也在开展着生态实践活动。这些说明大家都在实际行动着。所以，对于中国的生态学者来说，在现代社会中，环境保护很重要，而早期的一些生态学者可能并未关注到。

斯：2013 年出版的《生态女性主义批评的国际视野》(*International Perspectives in Feminist Ecocriticism*)一书中有关中国的生态批评很少。从 1970 年开始，人们在生态批评中谈论性别，在 20 世纪 80 年代出现了一些有关性别生态的书。但大家都在谈论比较大的概念，并未涉及身体，而身体是女性主义批评中最重要的议题。但同时，从性别方面研究环境批评可能很复杂，所以同样存在着生态男性批评，也有着酷儿生态批评，以及跨性别现象方面的生态批评。性别到底是什么，自然到底是什么，自然、文化与性别息息相关。若要将现代生态女性主义批评同男性气质分开是很困难的。

对于老虎的讨论似乎与生态恐惧相关。反对自然、伤害自然，甚至避免对自然持有积极的态度，这就是生态恐惧，以及生态歧义。我们用电，用木头，这些都可能破坏华南虎的生存环境，让老虎下山进入村庄，并被村民捕杀，这与澳大利亚人对大象的捕杀很像。他们几百年来砍伐森林，逼得大象走出森林，然后村民再捕杀大象。这些现象发生的时候远早于中国 20 世纪 50 年代的打虎行动。

何：谢谢！这次的工作坊也进入了尾声。确实，政治在中国学者研究环境主义或生态批评中是不可避免的。在过去的几十年里，政府的政策对于环境、动物产生了巨大的影响。我对于环境批评的视角是环境感伤主义，即敬畏环境，怀念过去。今天我们讨论了生态批评在中国以及西方的发展历程，列举了许多文本，涉及各种概念和理论。我们分享了各自的研究成果，同时也发现了许多不同的文本和相应的理论方法。谢谢大家！